山地徒步与社会资本研究

路锋辉 祝 菁◎著

吉林出版集团股份有限公司
全国百佳图书出版单位

图书在版编目（CIP）数据

山地徒步与社会资本研究 / 路锋辉，祝菁著. -- 长春：吉林出版集团股份有限公司，2023.11

ISBN 978-7-5731-4452-2

Ⅰ. ①山… Ⅱ. ①路… ②祝… Ⅲ. ①登山运动—研究 Ⅳ. ①G881

中国国家版本馆CIP数据核字(2023)第209917号

SHANDI TUBU YU SHEHUI ZIBEN YANJIU

山 地 徒 步 与 社 会 资 本 研 究

著　　者	路锋辉　祝　菁	
责任编辑	田　璐	
装帧设计	朱秋丽	
出　　版	吉林出版集团股份有限公司	
发　　行	吉林出版集团青少年书刊发行有限公司	
地　　址	吉林省长春市福祉大路 5788 号（130118）	
电　　话	0431-81629808	
印　　刷	北京昌联印刷有限公司	
版　　次	2023 年 11 月第 1 版	
印　　次	2023 年 11 月第 1 次印刷	
开　　本	787 mm×1092 mm　　1/16	
印　　张	9.75	
字　　数	136 千字	
书　　号	ISBN 978-7-5731-4452-2	
定　　价	76.00元	

前　言

随着全民健身的深入推进和体育强国的加快建设，人民群众对美好生活的追求和向往渐次实现着，体育成为人们改善生活方式、提升生活质量的重要选择。此时，探究体育在满足人们对美好生活的需求中的作用和价值具有重要意义。山地徒步以其亲山、亲水、亲近自然的特殊属性步入了本研究的视野范围。笔者在探究山地徒步的发展因素时，引入了社会资本的理论概念，以期通过社会资本视角发现山地徒步发展中构成要素的异同，以此为山地徒步的发展提出相应的策略建议。

山地徒步作为户外运动的主要项目之一，尤其是亲近山水的特色，吸引着各个年龄段的人群参与其中。特别是山地资源丰富的秦岭地区，不仅为项目的开展提供了良好的自然资源，也为研究的开展与调查提供了便利条件。参与山地徒步不仅为参与者提供了促进健康的可能，也为参与者积累了一定的社会关系资源。这种富含各种资源和信息的社会关系网络化的存在，就是社会资本的理论基础。基于此，本书为参与者提供了独特视角的活动建议。事实上，山地徒步的活动因其安全性受到多方关注，尤其是高危险性体育赛事的界定，为活动的安全开展提供了更多的保障。

本书在适当引用社会资本理论的基础上，结合国内成果，对个体社会资本进行测量，应用定性与定量相结合的研究方法，对山地徒步的参与者展开调查。为了对比不同项目的差异性影响，调查对象又进一步拓展到太极拳、广场舞等项目的参与者，以获取更加客观的数据。此部分亦成为本书的重点和难点内容。另外，山地徒步的发展离不开安全保障。因此，本书进行了山地徒步活动中的相关安全事故案例分析并论述开展活动的安全策略。山地徒步的相关调查对象以秦岭地区的部分参与者为主，我们对其展开了以安全促进为主题的访谈与调查。结合相关研究成果和建议，本书提出了针对山地徒步发展三大板块的建议，期望对山地徒步的发展起到抛砖引玉的作用，并对体育理论的建构起到启示作用。

本书在成稿过程中，获得了陕西省社会科学基金项目、陕西省体育局常规课题、长安大学中央高校基本科研业务费专项资金项目的支持，同时得到了长安大学体育部（系）、长安大学科学研究院及领导的鼎力帮助和指导，在此一并表示感谢！

目　录

第1章 缘 起

1.1 登顶体验：遥看万千风物

1.1.1 背景

习近平总书记指出："体育是提高人民健康水平的重要途径，是满足人民群众对美好生活向往、促进人的全面发展的重要手段，是促进经济社会发展的重要动力，是展示国家文化软实力的重要平台。"[1] 随着国家对体育事业的重视及体育自身的高质量发展，体育已逐渐成为人们提高生活质量、改善生活方式的重要选择。尤其是全民健身国家战略的落实和体育强国建设进程的加快，无论从宏观上的战略规划、全面布局、系统推进，还是微观上的健康促进、竞技挑战、社交拓展，体育业已成为生活内容的重要组成部分。人们参与体育的现实需求不仅加快了新兴的体育项目的发展和完善，也使传统的体育项目的壮大迎来了重要的"黄金时节"。城市马拉松运动和户外运动就是极具代表性的、几乎成爆棚式发展的且深受人们喜爱的体育项目。尤其户外运动以其诸多的项目复合性、亲近山水的自然性、参与选择上的灵活性等属性几乎能够满足各个年龄段人群的不同需求。

---

[1] 习近平. 在教育文化卫生体育领域专家代表座谈会上的讲话 [M]. 北京：人民出版社，2020：11–12.

《户外运动产业发展规划（2022–2025 年）》（以下称《规划》）[1] 指出："各类户外运动协会组织、户外运动俱乐部等发展迅速，带动户外运动参与人数不断增加，截至 2021 年底，全国户外运动参与人数已超过 4 亿人。"可见，户外运动项目的组织发展迅速，参与基数甚大。《规划》同时指出了项目"山水陆空"的全覆盖性。山地项目主要包括登山、徒步、山地越野、定向越野、攀岩、探洞、溯溪等，水上项目主要包括皮划艇、赛艇、龙舟、漂流、帆船、冲浪、海钓、潜水等。除了山地项目和水上项目，还有滑翔伞、热气球、自行车、摩托车等运动。户外运动项目的拓展性和融合性极强，以至于项目属性难以界定。实际上，早在 2000 年初，国家体育总局登山运动管理中心把户外运动界定为"在自然环境中进行的和与自然环境直接相联系的体育运动项目群"，后又修订为"以自然环境为运动场地的带有探险性质和体验探险的体育运动项目群"，涵盖了体育、旅游、教育、科学探险等多方面的要素[2]。户外运动以其项目群的结构优势经过多年的积淀和储备，迎来了重要的发展机遇。《规划》作为顶层设计的政策文件明确其发展方向和重点领域。户外运动项目在自身的厚重发展和政策利好的双重加持下，将为人民群众提供更多的参与选择和更加优质的产品和服务，这是毫无疑问的。此为研究之背景。

1.1.2 对象

限于笔者的兴趣和水平，将以户外运动项目中的山地徒步作为观察对象和讨论中心展开本书的分析与探讨。为此，项目的属性定位就成为基础性的研究内容，或者是确定参与者目的和动机的重要起点。虽然户外项目在共性上倾向自

[1]　国家体育总局 发展改革委 工业和信息化部 自然资源部 住房和城乡建设部 文化和旅游部 林草局 国铁集团 . 关于印发《户外运动产业发展规划（2022–2025 年）》的通知 [J]. 城市规划通讯 ,2022(22)：19-20.

[2]　国家体育总局职业技能鉴定指导中心 . 户外运动 [M]. 北京：高等教育出版社，2012：10–11.

然、突显非竞技性，但同时也充满挑战性和探险性。项目环境的差异带来的影响是不能忽视的。且不说滑翔伞、热气球等空中项目与帆船、潜水等水上项目带给参与者的巨大差异，单就登山运动与山地徒步而言，看似重叠，甚至可以合并，但在项目属性上也存在实质性的区别。按照中国登山协会的界定，所谓登山运动主要是指海拔超过 3500 米的登山探险运动；与登山运动相关的运动是由登山运动派生出来的，或与登山运动有一定关联的体育运动，包括：各种天然、人工岩壁或冰壁的攀登，相关的户外运动（山区健行、峡谷运动、野外生存、洞穴探险、露营等），群众登山健身运动，拓展运动，滑雪登山运动，由协会及其会员组织的与登山有关的各种比赛、活动。而山地徒步就是山区健行、群众性登山健身运动或与此相关的各种比赛和活动。事实上，山地徒步就是人民群众所说的"爬山"。经整理得出：徒步，并不是通常意义上的散步，也不是体育竞赛中的竞走项目，而是指有目的地在城市的郊区、农村或者山野间进行中长距离的走路锻炼。徒步是户外运动中最为典型和普遍的一种。由于短距离徒步活动比较简单，不需要太讲究技巧和装备，经常也被认为是一种休闲的活动。有学者强调"徒步"是指在运动环境优美的城市郊区、山间或者丛林不断行走的身体锻炼活动；[1] 还有学者指出户外徒步运动是人们在自由支配的时间里，通过有目的地在自然环境中行走锻炼，满足参与者身心需求的一项休闲体育运动 [2]。在国外，美国人将徒步运动称为"hiking"（徒步旅行），英奥等一些国家称其为"hiking"或"trekking"（艰苦跋涉），澳大利亚则称其为"bush walking"（丛林行走）[3]。综上，可将山地徒步界定为利用山地自然环境进行走路的一种休闲运动。形式上

[1] 郝光安，钱俊伟 . 浅析徒步运动的当代社会价值 [C]. 第二届国际（中国）徒步论坛论文集，2010：24–28.

[2] 张慧艳 . 北京国际山地徒步大会群众参与研究 [D]. 北京：首都体育学院，2015.

[3] 金乔，贾书芳，李腾 . 中国徒步旅游的发生、发展与展望 [C]. 第三届国际（中国）徒步论坛论文集 .2012：16–21.

可独行，亦可结伴；在参与目的上可以定为身体锻炼、健康促进，竞技比赛、切磋技术，休闲旅行、游览观光，开阔视野、研学教育，文化交流以及社交拓展等。基于此，山地徒步的参与价值就成为探讨的重要内容。运动项目对参与者的影响层次，主要包括生理属性和社会属性上的刺激和影响。本书不对参与者的生理属性影响进行主要分析，虽然这是一种基础性的或决定性的影响。本书主要对社会属性上的影响和变化进行关注。换言之，山地徒步参与者的社会学意义上的特征情况或变化是研究对象。例如，山地徒步参与对于同行结伴者而言，会带来什么样的影响？或者基于社交需求的参与者能否在山地徒步过程中实现有效的互动呢？人们通过山地徒步的参与对其社会关系网络的建立或拓展是否存在正向影响呢？对其社会资源的占有或调用是否存在积极的意义呢？这些问题都是基于这一研究对象展开的，即社会学视角下的参与影响。需要注意的是，这里的"独自爬山"是不是能够对参与者的社会属性上的价值挖掘和意义探索带来同样积极的影响呢？鉴于罗伯特·帕特南在《独自打保龄》中所阐述的一种观点，"独自打保龄"的现象意味着美国社会资本的流逝。那么是不是独自上山同样意味着某种社会学意义上的价值或资源的流逝呢？这一点值得关注，同时需要指出的是，项目差异的因素不能忽略，否则，发展出那么多种类的体育项目满足人们的不同需求岂不是徒劳之举吗？显而易见，运动项目间的差异是不能忽略的因素。

考虑到山地徒步的特殊性，暂时假定独自上山，参与者同样可以获取某种社会属性上的资源或关系网络的认知和建立。作何解释呢？山地环境所包含的自然、地理、线路、人文、历史、建筑、古迹等要素，能够为参与者提供广泛且生动、直观的互动媒介，甚至可以穿越时空建立有效的互动或价值传承。例如，山地徒步过程中，假设线路选定在湖北襄阳岘山上，途经羊公碑，是否"读之"泪沾襟呢？所谓"人事有代谢，往来成古今。江山留胜迹，我辈复登临"，是不是可以穿越时空体验到孟浩然当年的感时伤怀呢？同样，假定路线选在黄冈赤壁，虽不见"乱石穿空，惊涛拍岸，卷起千堆雪"的壮丽盛景，但是苏轼的"两赋一词"却给予此地不朽的经典，同样因地而生万千的情愫，能否感受到苏轼的"人生如梦"呢？显然历史人文元素对参与者的影响是不能忽视的。但这是保龄球所不能给予的。即使是无名山顶的登临也会为参与者提供"放眼四海、遥看万千风物"的视角和机会，故并不能否定此中会对独行的参与者产生某种影响。实际上，山地徒步的重要属性就在于能够为参与者提供静谧但又开放的空间环境，多以山地、林间自然地貌为主，投身其中，感受自然的清静，起到放松心灵、缓解工作压力的作用，进而恢复良好的状态，投入生活工作之中。"独自上山"所带来的良好的工作状态，使得参与效果持续释放，这也为社会互动提供基础和保障，从这种意义上讲，"独自上山"并不孤独。事实上，纯粹的"独行"在山地徒步参与中并不多见。通过网络自发组织进山活动是目前主要的参与形式，但也存在独自上山，同时利用网络虚拟社区等获取更大范围与深度的互动的现象，可以说这种"独行"并不孤独。随着互联网技术的发展，户外运动的参与发展出了多种多样的形式。"徒步＋直播"的模式为不少参与者带来了良好的"收益"，新冠疫情期间，部分景区加强了对主播的支持力度。据报道，黄山景区允许带着导游证的主播，在景区里门票免费、乘车免费、索道免费，山上的宾馆还提供免费的工作餐，如果晚上不下山，还有免费的导游房能住。另外，第七届北京国际山地徒步大会全面升级，打造了全新的"互联网＋体育"盛会，开设了具有吸引力的徒步路线及网上徒步赛场，进一步提升了徒步大会的传播力和影响力。可见，网络技术的发展，为山地徒步的参与带来了更多的可能。《世界山地旅游发展趋势报告（2020版）》指出，徒步旅行是一种大众化的活动，能够满足人们重新发现大自然和出发寻根的渴望。后疫情时代，人们更加向往健康的生活方式和强健的体魄，热衷在环境优越的野外参加各项活动，开展攀岩、徒步、滑雪、山地骑行等各类运动。山地的地形起伏、海拔高差、地质地貌构成、生态自然环境都为开展山地运动休闲提供了绝佳条件。其中，最受欢迎的当数山地徒步[1]。总之，山地徒步参与不能忽视山地环境在参与者与山地环境所承载的重要信息（或文化、或历史等）互动过程中发挥的作用。线路中的"驻足点"或许就是建立某种联系的互动中介，进而使人感受到历史的厚重或文化上的共鸣。正所谓"有朋自远方来，不亦乐乎？"更何况独行！此为研究之对象。

1.1.3 目的与意义

按照社会资本理念，体育参与能够生成社会资本，无论从个体视角还是集体视角。所谓社会资本是指嵌入社会行动者的社会网络中的资源。与经济资本和人力资本不同，个体行动者不能直接使用社会资本，但可以在社会行动中通过直接或间接的社会关系来获取和使用它们[2]。从社会学视角关注山地徒步对参与者的社会属性的影响，实际上就是探讨山地徒步生成社会资本的情况，即研究以此为目的。当然，山地徒步的参与涉及一个重要的因素，就是安全，毕竟山地徒步也具有一定的探险性。相对于危险性较高的项目而言，山地徒步参与简单、灵活，且安全。但实际上，山地徒步往往因参与者对自身的估计不足，或是体能储备不足，或是处理意外情况经验不足而给参与者带来一些伤害，山地环境中包含各种变化因素，如气温、湿度、虫兽、植被等，都可能会存在安全隐患。如何安全地参与山地徒步运动本身就是极具挑战性的问题。在保障安全的同时，如何获取更

---

[1]   寻找"野性的呼唤" 山地旅游成为越来越多人向往的旅行方式 [EB/OL].2022-02-11.https://www.thepaper.cn/newsDetail_forward_16669387

[2]   边燕杰，陈皆明. 社会学概论 [M]. 北京：高等教育出版社，2013：167–168.

多的社会资本，尤其个体的参与，是为研究的追求所在。作为基础性的研究，其意义之一在于推动更多的参与者投入其中。如果说通过山地徒步增强体质，改善或提升参与者生物属性意义上的各种参数指标是基础的话，那么关注社会资本，实际上就是从社会学视角探讨促进体育发展的理论机制，为个体参与提供较为广泛的内涵解读，使其找到适合自己的价值归属。除了个体视角的社会资本积累，社会资本还存在于集体之中。区域、地区体育事业的发展与改革仍然可参考社会资本这一指标。能够为体育治理提供现实的指引与参考，将是重要的研究意义。

引入社会资本的理论概念是讨论山地徒步发展的价值挖掘和意义探索的途径，同时也是检验西方社会学理论的生命力和适应性的标准。检视我国体育环境孕育社会学理论发展的可能性与机会，此为研究意义之二。其研究意义之三，在于探究新时代我国体育项目发展的理论规律，或是基于社会学理论的探讨，或是基于本土环境中内生理论的分析。无论哪种选择都是立足于促进人们不断参与，实际上就是为了扩大参与人数、促进项目发展。只有项目的不断发展、人数的不断扩大，才能为其他方面的发展提供可能，尤其是产业化发展。《规划》中提到：到2035年，户外运动产业规模更大、质量更优、动力更强、活力更足、发展更安全，成为促进人民群众身心健康、提升获得感和幸福感、推进体育产业高质量发展和体育强国建设的重要力量。显然，这一目标的实现离不开人们的基础性参与。同时，户外运动基础理论的探究，对于项目自身的发展，或者基于项目的产业化发展而言，无疑具有积极的意义。

1.2 山地徒步能否成就"人缘"

山地徒步促进参与者社会资本的生成和积累，与传统上所说的强化其人的"人缘"非常相似。这里需要指出两个基本的问题。一个即山地徒步的内涵是什么，以及山地徒步参与中能够涉及哪些因素需要梳理清楚。山地徒步的内涵因旅行、远足、游览、休憩等不同的概念而出现重叠，因此以徒步概念的确定立足的体育运动的基础和逻辑必须清晰而且稳定。这不仅仅是区别上述几个概念的问题，也是能够统领教育、科考、探险、娱乐等要素的基础。在各自概念种差清晰的基础上，统合多种要素以使山地徒步能够发挥较大的社会网络建构作用，为社会资本的积累提供可能。另一个就是社会资本的内涵界定、观测方法与指标等问题。或者说山地徒步参与能够发挥出一种"修己善群"的作用。那么要达到什么样的程度才算作"善群"呢？实际上，这涉及社会资本的测量问题。本研究中如果直接援引社会资本的理论论述山地徒步的社会价值和意义，实际上就等于潜在地认同了社会资本理论在我国的适用性和理论意义。实际上，这不仅需要大量文献资料的支撑，而且需要厘清社会资本与传统文化意义中相似概念的关系，例如"人缘"等。更何况人缘的界定和测量又是何等困难呢？或者是不是可以进行测量呢？故此，在关注社会资本理论的科学性的同时，也要关注社会资本的适用性，批判性的援用是研究的重要的原则。进而加强与传统文化的契合，也是注重本土文化的本位需要，毕竟调查对象的参与环境浸润在传统文化之中。从某种意义上讲，人缘所反映出的实质在于个体的社会网络情况，以及相关资源的占用与调用、利用情况。在社会资本意义上，个体层面的社会资本也可以用个体社会网络进行表述。需要注意的是，无论传统意义上的"人缘"，还是社会学领域中的"社会资本",都存在动态的变化的过程和改善、发展的可能。那么相对稳定的状态出现在什么情况下呢?

基于此,对两个基本问题的回答,就成为研究展开的基础,也是构成此项研究的重要内容。故此,首先,本研究以整理山地徒步以及社会资本的基本概念、内涵和相关支撑理论为基本任务,构成本项目研究的基础内容。主要涉及两个方面的重点,一方面是山地徒步参与中的相关要素的界定,例如,徒步与旅行的共生性和差异性,徒步与竞技、徒步与休闲等关系的界定。另一方面是社会资本的测量方法与指标,尤其适合本土群体的测量。本部分内容作为研究的基础部分,对于后面内容的展开和深化起着决定性的作用。为此,拟用文献法和访谈法等研究方法实施本部分内容。一是确保研究的基础性,尤其对于相关概念、内涵的梳理和厘定。二是通过专家访谈校正文献整理的合理性和逻辑性,保障研究有序开展。其次,以探寻山地徒步与社会资本之间的关系为核心内容。山地徒步是不是可以促进社会资本的生成,不仅需要理论逻辑上的假设与论述,还需要实证方法检验。尤其在确定两者的观察变量上,需要更为切合实际的论证。同时为了凸显山地徒步的特殊性和参与环境的不可忽视性,拟通过不同项目之间的差异分析山地徒步的特殊性或者优势,当然这是基于体育运动能够促生社会资本的前提。进一步观察山地徒步对社会资本的影响,区分不同参与目的下的差异和具体情况,以探究山地徒步的影响因子。为此,本部分内容应用实证方法论证山地徒步对社会主义的影响。再次,探讨山地徒步参与中的安全因素,重点以安全事故为重要案例进行分析,毕竟在安全得不到有效保障的情况下,不仅社会资本会受到影响,项目的发展也会受到巨大影响。拟应用质性研究方法对山地徒步的安全因素进行探究,毕竟只有在安全有保障的前提下,社会资本的积累才有意义。最后,对不同情境下的参与给出相关的建议,以促进个体参与山地徒步运动及增进社会资本。实际上就是以社会资本的积累为出发点，对山地徒步的参与进行个性化的规划和建议，以使其体现出较大价值和意义。

1.3 基于社会资本培养的运动项目设计

山地徒步参与中关注社会资本的影响情况，并不意味着忽视生理属性上的影响。从参与者的实际情况考虑，结合山地徒步的参与时间，可以大致判断：普通人群参与山地徒步时间间隔基本在一周以上，周末的休闲时间才能够为大多数参与者提供基本的选择。较长时间间隔的锻炼对于参与者的身体刺激意味着什么呢？答案不言而喻。但是，社会资本的积累并不会随着徒步结束而终止，特别是记录徒步的游记或攻略会在网络世界中持续传播与扩散，会为新进的参与者提供参考和借鉴。事实上，分享徒步过程中的趣事、经验、线路、安全策略等内容的信息资料能够为参与者带来持续的社会资本积累。基于此，以社会资本培养为目的的运动项目的设计就确立了支撑基础。这其中主要依据山地徒步对社会资本的影响程度做出安排与设计。或因群体特征差异而略有区别，或因线路"驻足点"的信息承载量不同而有侧重，或因安全因素的要求而有所取舍。总之，山地徒步的组织形式和开展方式或因此而走向新的模式与方向。

综上所述，本研究以社会资本和山地徒步的基本概念梳理为起点，进而分析山地徒步对社会资本的影响情况以及山地徒步参与的安全要素，在此基础上为山地徒步的参与的组织设计提出相关策略。各个部分的逻辑关系见图1-1。

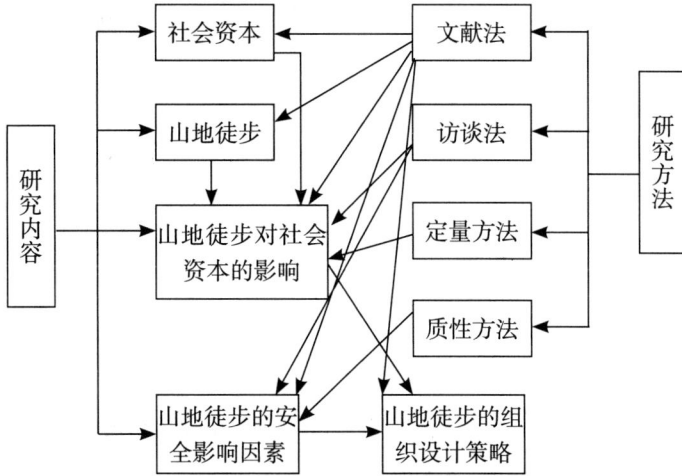

图 1-1　本研究的逻辑示意图

第 2 章 社会资本

2.1 社会资本的源流内涵

2.1.1 源流

社会资本的概念比较宽泛，学术界至今仍没有一个完全统一的定义。在研究层次上，社会资本也存在诸多分歧，但研究者多认为社会资本存在宏观和微观的区分。宏观强调信任和公共参与等要素，微观则强调个体关系网络中所蕴含的社会资源[1]。"社会资本"的概念最初是由经济学中的"资本"概念演变而来，这一概念最早是作为政治经济学术语出现的。马克思在《资本论》中曾提及了"社会资本（Social Capital）"一词，指的是与"个人资本"相对的无数个别资本的总和，是"社会总资本"[2]。马克思说："那种本身建立在社会的生产方式的基础上并以生产资料和劳动力的社会集中为前提的资本，在这里直接取得了社会资本（那些直接联合起来的个人的资本）的形式，而与私人资本相对立。"[3]他在论述社会资本的再生产与流通时指出，社会资本即社会总资本——"如果我们考察社会资

[1] 尉建文，赵延东.权力还是声望?——社会资本测量的争论与验证[J].社会学研究，2011，3：64–83.

[2] 卡尔·马克思.资本论[M]北京：人民日报出版社，2006：242.

[3] 中共中央马克思恩格斯列宁斯大林著作编译局.马克思恩格斯选集（第2卷）[M].北京：人民出版社，1995：516.

本，即总资本，各单个资本只是它们的组成部分"[1]。社会资本是马克思在分析资本的运动与发展时所应用的重要概念。随着《资本论》在全球范围内的传播而被人们所深刻认识与熟知，社会资本经常作为现代经济学里面的一个重要的学术术语，被广泛地应用于人们的社会经济活动中[2]。后经 Loury 引入经济学，定义为"促进或帮助获得市场中有价值的技能或特点的人之间自然产生的社会关系"[3]。生活在不同群体和工作环境中的人们，通过社会互动形成了无形的价值观念和身份认同，进而扩大相互之间的鼓励和支持，这种氛围凝聚了人们之间的信任与合作，也促使他们的资源和关系的融合，以实现共同的目标。这也是为什么即便拥有高级的设备、优质的人力资源和商业模式却不一定带来生产力的提高，因为缺少了互动以及相互之间的资源共享与信任。

在社会学领域，Hanifan 于 1916 年最早使用社会资本来解释社区参与对提高学校教育水平的重要性[4]。随后，社会资本逐渐受到各方关注并发展起来，直到20 世纪 80 年代，逐渐形成了以社会资源学派、社会结构学派以及社会组织学派为代表的不同学术流派与发展脉络。社会资源学派的代表人物布迪厄认为社会资本是指实际的或潜在的资源的集合，这些资源与由相互默认或承认的关系组成的持久网络有关，而且这些关系或多或少是制度化的。社会资本由与公民的信任、互惠和合作相关的一系列态度和价值观构成，是有形和无形的资源总和，是可以被个人利用以实现自己的目标和提高自己社会地位的个人关系，是人们通过参与社团组织而逐渐积累起来的机会和优势，是社会网络内个体成员或群体所拥有的

[1]　中共中央马克思恩格斯列宁斯大林著作编译局 . 马克思恩格斯选集（第 2 卷）[M]. 北京：人民出版社，2012：386.

[2]　戴圣鹏 . 一个被偷换的概念：社会资本 [J]. 学术研究，2017，（8）：6-9.

[3]　Loury，G. A dynamic theory of racial income differences[M]. In P. A. Wallace & Am La Mond，Women，minorities，an employment discrimination：1977，153–186.

[4]　Hanifan，L.J. The Rural School Community Centre[J]. Annals of the American Academy of Political and Social Sciences，1916，67：130–138.

实际及潜在的资源总和。资本的三种形式包括经济资本、文化资本和社会资本。社会结构学派的代表人物科尔曼认为，社会资本是社会结构的某些方面，而且有利于处于同一结构中的个人的某些行动。和其他形式的资本一样，社会资本也是生产性的，使某些目的的实现成为可能，而在缺少它的时候，这些目的不会实现。[1]即社会资本内生于社会成员的相互关系中，而不是产生于成员本身或相应的物质资本中，不单单是个人自由，而且具有社会结构和社会网络的属性，是嵌入人际关系中的一种公共产品，一方面包括社会结构的某些内容，另一方面有助于该结构中的人们完成共同的任务。社会资本具有生产性，并使某些目标的实现成为可能。作者在《社会理论的基础》中系统地阐述了自己的理论。他认为："社会资本是个人拥有的表现为社会结构资源的资本财产，由构成社会结构的要素组成，主要存在于人际关系和社会结构之中，并为结构内部的个人提供便利条件。"[2] 社会组织学派代表人物帕特南认为，社会资本具有有助于人们有效实现共同追求的目标的社会网络、信任、文化和行为准则等特征。[3] 后来，他又强调社会资本是人际关系、社会网络，以及由此产生的信任和互惠，而信任是社会资本的先决条件。[4]

林楠指出，社会资本是一种嵌入在社会结构中的可以通过有目的的行为来获取的有价值的资源，人们可以通过对社会关系进行投资以在市场上获得回报[5]。林楠所建立的社会资本理论比较系统地认为：社会行动者的社会网络中拥有好的社会资源，会导致好的地位获得；初始的结构性位置越好，获得的地位越好；网络中

[1] Coleman J S. Social capital in the creation of human capital[J].American Journal of Sociology，1988，94：95–120.

[2] 科尔曼.社会理论的基础 [M].北京：社会科学文献出版社，2008：8.

[3] Putnam R D. Making democracy work：Civic traditions in modem Italy [M]. Princeton：Princeton University Press，1993.

[4] Putnam R D .Bowling alone [M]. New York：Simon & Schuster，2000：88–106.

[5] Lin nan. Social Capital ：A theory of Social Structure and Action[D].Cambridge：Cambridge University Press.2001.

"桥梁"的占据者在获取更多的、不同的和有价值的信息和资源方面具有更好的优势。[1] 国内首次提出并真正研究社会资本的学者是张其仔，他认为"社会资本从形式上看就是一种关系网络，必须考虑相应的文化和制度场景"。[2] 后来逐渐被认同为"社会资本是指与物质资本、人力资本相区别的以规范、信任和网络化为核心的从数量和质量上影响社会中相互交往的组织机构、相关关系和信念，是社会机构、社会成员互动作用的具有生产性的社会网络"[3]。综合相关研究，本书认为社会资本是基于社会网络与互动而表现信任、文化和规范等特征的结构性资源。有助于网络内人们的合作与目标实现，实现的程度取决于社会网络、组织中的特征，可用于微观解释个人层次的结果，也可用于宏观进行分析集体或区域的特征。

2.1.2 内涵

社会资本的概念虽然相对宽泛，但是涉及几个关键要素，必须充分把握才能充分认识到社会资本的内涵，它们就是社会网络、信任和规范等。

首先，社会网络是相互联系的社会行动者之间结成的稳定的关系结构。社会行动者可以是任何社会实体，可以是个人，也可以是组织[4]。例如：人们在参加山地徒步运动时所建立的活动网络中，社会行动者就是参与者和为参与者提供帮助的人；当关注城市之间的户外运动赛事时，赛事相关的各种要素就会形成一种网络，这里的社会行动者就是城市。社会网络中存在着各种关系，以人际关系为主，也是观察个体网络的重要参考。但人际关系是个非常复杂的概念，既可以表

[1] 林楠.社会资本：关于社会结构与行动的理论 [M].张磊，译.上海：上海人民出版社，2005：18.
[2] 张其仔.社会网与基层社会生活：晋江市西滨镇跃进村案例研究 [J].社会学研究，1999（3）：25-34.
[3] 李惠斌，杨雪冬.社会资本与社会发展 [M].北京：社会科学文献出版社，2000：45.
[4] 边燕杰，陈皆明.社会学概论 [M].北京：高等教育出版社，2013：159-160.

示家庭成员之间的亲密关系，也可以描述临时组织中成员之间的松散关系。在一般情况下，人们常常利用自己在各种关系中的资源来满足自己的特定需求，以实现目标。例如，山地徒步参与中参与者往往根据自己的偏好选择线路，偏好多依据自己所熟悉的地区或历史文化等且具有相关资源能够及时调用。实际上，人们在社会网络中，尤其各种人际关系、网络关系等社会关系中，可以利用关系渠道获得相关信息以实现行动目标，即使最初建立关系不是为了获得信息，这便是社会网络所供给的资源。

其次，信任是社会资本构成中的重要要素，也是表现为资源的重要构成内容，不仅存在于人与人之间的关系中，也存在于不同的组织与机构部门中。就个人而言，信任在一定的社会网络中有助于促进道德规范和行为准则的形成，往往能够超越正式制度的约束力。同时信任的意义还在于能够形成更大范围的共识，进而消除理解上的误会与偏见，或能影响到自己行为中的不确定性的动机成分。例如，山地徒步活动中参与者对安全隐患的认知存在偏差，但是基于对组织者或集体的信任，往往会选择限制自己的行为不去冒险，以防安全事故的发生。实际上，信任作为一种资源使得社会资本的重要性不容忽视。

最后，规范则是社会资本中基于社会网络和信任而产生的更具指向性和具体化的个体或集体的行动表现，是依托社会网络而形成的特殊化构成元素，如在山地徒步网络中，体育参与中的行为准则是主要的表现内容，体现着具体网络的构成特征。规范内含的文化要素往往随社会组织或网络调整的差异而表现出不同内涵，或凸显地域特征、或彰显出历史主题、或表现为项目特征原则等，共同构成某种规范。在相互的合作与信任中，人们往往会对某个参与者适当的举止、修养或者遵守彼此利益的约定表示出认同和赞扬；相反则会惩罚那些不遵守规范的人，尤其在山地徒步参与中，面对环境的变化和不确定因素，异常行为者会受到集体的约束，进而修正自己。个体参与常会因此而形成某种规范性和自觉性，从而呈现某种社会规范或行为准则。行为准则和约束在促进完成某些行为的同时，对其他行为造成了一定的限制。从某种意义上看，有效的规范在促进完成集体行动的同时，降低了成员们的创新性，人们不愿意打破既有的规范和约束，来尝试新的计划和可能[1]。

社会资本的构成要素在共同的社会互动中形成某种关系结构性资源，为人们的行动计划提供了种种可能的同时，也会起到某种限制或约束作用。这就需要对社会资本的性质进行必要的了解。

当社会资本界定为一种资源时，与人力资源等形式的资源一样，便决定了它的生产性，这种生产性是依托社会网络而作用于其中的成员或集体的，尤其在广泛联系和相互信任的社会网络中能够创造出更多的价值。同时对社会网络的依赖决定了社会资本的公共性和排他性。整个网络中个体或集体对于某种信息的分享和利用使得网络中的资源具备了一定的公共性，对内而言可以利用网络中的信息和资源，但是对外具有明显的排他性，相对于网络之外的个体或集体就难以获得相同的信息或资源以实现其目标。社会网络的存在为人们增进情况的交流建立了联系，但是信任机制的产生也意味着身份认同正式化，以各种"名分或地位"见长的组织、机构而构成的社会网络排他性是十分明显的。例如，山地徒步组织中的高端组织或挑战者们，是不接纳一般参与者进入自己的圈层的。就好比山顶线路上的挑战者是很难与山脚下休闲线路上的观光人"同行"的。

[1] 崔巍.社会资本、信任和经济增长 [M].北京：北京大学出版社，2017：11–12.

2.1.3 社会资本质疑

社会资本经过长期的发展与研究，已形成多维度的解释性极强的理论概念。但是社会资本仍然在概念上难以统一，甚至存在一定的质疑。首先，将Sabatini[1] 总结的情况进行简要陈述：社会资本的概念仍然存有争议，但是人们普遍接受社会资本是一个多维概念，难以找到统一的衡量方法；应用间接指标反映社会资本时，如社会网络、信任和规范等普遍被接受，但是容易混淆社会资本和社会资本所产生的结果。可以看出，社会资本的概念不统一是备受质疑的原因之一，而且指标与社会资本产生的结果不能够很好地区分是质疑要点。社会资本作为结果还是社会资本作为观测指标似乎并不影响其概念、内涵。社会资本的动态性和可积累性使社会资本作为结果的同时，又促生和聚集着某种资源的可能性。这就使得社会资本的增生成为可能。毕竟社会资本赖以存在的社会网络是在不断的变化过程中的。

其次，社会资本是与其所处的情景密切相关的，而这一情景优势是不断变化的，而特定情境下的社会资本是不适用于其他情景的，或者说基于特定情境下所得到的结果很难被拓展到一般情景。这一质疑很明显，确实很难区分不同情境或文化背景下的内涵。这就对社会资本的发展提出了挑战，是不是在不同的文化背景中人能够将其概念、内涵应用到更多的解释领域呢？尤其西方与东方的文化差异是不是存在社会资本理念不适应的内容和环节呢？这些问题值得我们关注。需要指出的是，社会资本作为具有较强解释能力的概念体系，能够为体育运动的发展提供策略性的解释和支撑，也就是说体育运动的发展引入社会资本的概念体系并不一定是负向的。毕竟，西方学者通过独自打高尔夫球解读出社会资本的流失

[1] Sabatini. Social Capital and Economic Development[C].University of Rome La Sapienza spes Development Studies. Discussion Paper，1，2006.

这一结论，值得我们关注的是，不愿意走进人群中的个别选择（佛系、不参与等）是不是也意味着社会资本的流失，或者个体社会网络的不稳定甚至破裂呢？体育运动能够凝聚较多的社会群体，尤其不同社会群体可能存在为某一个体育目标或者体育赛事的成功，暂时放下彼此的隔阂与矛盾而凝聚成团结有力的群体呢？足球是当代最具关注度和参与性的运动之一，国家足球队之间的较量对于社会、社群的整合和国家意识的建构都起着重要作用。以足球为代表的大型体育赛事可以提供独特场景，用以加强民众间的纽带。尽管这种"体育爱国主义"可能是短期的，但它仍会成为国家叙事和历史的一部分。尤其大型足球比赛世界杯，其对于各个民族的社会资本的积累和促生作用可以说是明显的。同时，可见体育和社会资本的跨民族性和跨文化性。

最后，有学者提出把个人或社会组织关系以及资源看作社会资本，可以通过经营将其转为经济利益或资本的观点，但是这必然会导致人与人之间，除了经济利益关系或者资本关系之外，不存在其他任何形式的关系[1]。社会资本的经济化，实质上就是经济资本。按照经济学假设，理性人对经济的选择和追求是缺少价值约束的，也就是说利己是第一位的。显然这种脱离社会约束和价值规范的资本逻辑具有较为有限的生存空间，但它的误导性却是不容忽视的。尤其在以利益为主导的逻辑关系中，资源与信息的资本化必将使社会关系向非理性极端——庸俗化为利益关系发展，实质上就是以金钱为导向的拜金主义的滋生和发展。为此，社会资本的概念体系与中国本土文化的融合，或者社会资本的必要性改造就成为社会资本援引的重要内容。同时社会资本的经济学解释与社会学解释的区别和把握也是应用社会资本概念体系的重要内容。

社会资本的经济学和社会学的适用边界变得越来越模糊，而且社会资本在伦

---

[1] 戴圣鹏．一个被偷换的概念：社会资本 [J]．学术研究，2017（8）：6–9．

理学、政治学中的引用与发展，使得概念的内容发生了根本性的变化。总之，对社会资本的各种质疑和批判也是值得关注的内容，不仅可以使我们全面认识其概念、内涵的不足，而且也可以促进概念在建构过程中更加合理、科学，也是深入关注社会资本、进一步检验和实证社会资本的切入点。

2.2　社会资本的测量

社会资本的测量虽然因其概念不一、拥有主体的层次差异而存在一定的局限性，但是却没有因此而止步不前。常用的方法主要有定名法、定位法和资源法。简要陈述如下：其一，定名法。个体社会资本的测量源于1970年的社会网络研究，几经发展，"交换"型定名法[1]最终被广泛应用。最有名的例子如："你在和谁谈论私人问题？"[2]在美国综合社会调查中曾多次出现。有学者[3]指出，定名法的数据收集所造成的费用可能会很高。因为这取决于回答每个问题时被提及的允许他者数量的限制设定，当遇到大网络时，访问会变得漫长而烦琐，并且许多解释性问题也会添加进来。故此，定名法的结果常常难以进行比较。其二，定位法。这是一种更关注社会资源存在而非网络关系的测量方法。其中使用最频繁的三种方法来源于林楠对社会资本的论述[4]。达高法，即接触声望高的社会网络成员可以得到更高的回报；极差法，即可获得的最高职位和最低职位的声望之差；规模法，

[1]　MCCALLISTERL., &Fischer, C. A procedure for surveying personal networks.[J]Sociologocal Methods and Research.1978，7：131–148.

[2]　MARSDENP.V.Network data and measurement.[J]American Review of Sociology.1990，16：435–463.

[3]　丹尼尔·金，S.V. 萨布拉马尼安，河内一郎 . 社会资本与健康 [M]. 王培刚，译 . 北京：社会科学文献出版社，2016：38–39.

[4]　LIN NAN. Social Capital：A theory of Social Structure and Action[D].Cambridge：Cambridge University Press.2001：61–63.

即被访问者认识的所有人的不同职位数量之和。其三，资源法[1]。在一个访问的情景下，被访问者要提供一些能够获得的有用且具体的社会资源。结合了定位法的经济性和定名法的内容效度，相关资源的有效列表便容易获得。从测量的层面上看，微观上测量维度主要包括个体的网络特征和位置特征，主要指标包括网络的规模、紧密程度、网顶高度、网差距离等。宏观上的测量维度主要包括社会网络、规范和信任等。实际上，我国学者对社会资本测量贡献良多，限于篇幅，结合研究主题，后面章节将进一步阐述。

2.3　体育领域中的社会资本

2.3.1 体育政策中的社会资本

现行体育政策中的相关文件，因执行效力和发布部门不同，大致划分为法律，行政法规，中央与国务院文件、部门规章、规范性文件和地方性法规、规章和规范文件等。鉴于相关政策制度中的时效性，选取 2014 年之后不同部门发布的制度文件以保障制度文本的广度，同时，针对同一部门发布的多部文件，选取部分内容进行分析。经整理，收集了 19 份包含社会资本概念的体育政策制度（见表2-1），通过分析可知：社会资本主要是社会上可用于体育领域而未用于体育领域的资金，显然是经济学意义上的内涵。同时可以发现，随着时间的推进，体育领域对社会资本的引入和应用是逐渐扩大的，且对社会资本的权益保障越来越明确。目前，社会资本在体育领域的相关政策制度中尚无社会学意义上的表述。

[1]　SNIJDERS，T.A.B．Prologue to the measurement of social capital[J].La Revue Tocqueville，1999（20）：27–44.

表 2-1　部分体育政策制度中的社会资本（2014 年后）

序号	文件	内容	来源	时间
1	"十四五"体育发展规划	鼓励设立由政府引导、社会资本参与的体育产业投资基金	国家体育总局	2021/10/25
2	关于做好拼装式游泳池建设与运营管理工作有关事宜的通知	各地应积极尝试与社会资本合作的模式	国家体育总局	2021/6/20
3	冰雪旅游发展行动计划（2021—2023 年）	引导社会资本加大对冰雪旅游和相关产业投资力度	文化和旅游部等	2021/2/8
4	关于全面推进城市社区足球场地设施建设的意见	鼓励政企联动，以公建民营、民办公助等多种形式吸引社会资本建设运营社区足球场地设施	住房和城乡建设部等	2020/12/24
5	关于促进全民健身和体育消费推动体育产业高质量发展的意见	鼓励社会资本参与投资建设并依法按约定享受相应权益	国务院	2019/9/4
6	关于加快发展体育竞赛表演产业的指导意见	鼓励社会资本设立产业发展投资基金	国务院	2018/12/11
7	关于加快推动汽车自驾运动营地产业发展的通知	吸引社会资本进入自驾运动营地产业领域	国家体育总局	2018/6/11
8	百万公里健身步道工程实施方案	鼓励和引导社会资本投入	国家体育总局等	2018/3/16
9	马拉松运动产业发展规划	促进社会资本在马拉松运动产业中的良性有序发展	国家体育总局等	2017/12/15
10	关于公布第一批运动休闲特色小镇试点项目名单的通知	通过金融渠道吸引社会资本	国家体育总局	2017/8/10
11	关于大力发展体育旅游的指导意见	鼓励引导社会资本以投资、参股、控股、并购等方式参与体育旅游产品开发和项目建设	国家旅游局等	2016/12/22
12	关于进一步扩大旅游文化体育健康养老教育培训等领域消费的意见	引导社会资本加大投入力度，通过提升服务品质、增加服务供给，不断释放潜在消费需求	国务院	2016/11/20
13	冰雪运动发展规划（2016—2025 年）	引导社会资本参与组建冰雪职业俱乐部和专业冰雪运动团队	国家体育总局	2016/11/25
14	全国冰雪场地设施建设规划（2016—2022 年）	推广和运用政府和社会资本合作等多种模式，吸引社会资本共同参与冰雪运动设施建设运营	国家体育总局	2016/11/2

（续表）

序号	文件	内容	来源	时间
15	关于加快发展健身休闲产业的指导意见	加快推动设立由社会资本筹资的体育产业投资基金	国务院办公厅	2016/10/25
16	体育产业发展"十三五"规划	着力破解社会资本投资体育产业的各种障碍	国家体育总局	2016/7/13
17	关于加快发展体育产业促进体育消费的若干意见	鼓励社会资本进入体育产业领域，建设体育设施，开发体育产品，提供体育服务	国务院	2014/10/20

注：依据官方网站公开资料整理

2.3.2 体育资讯中的内涵梳理

2022 年，通过百度搜索引擎检索"体育"与"社会资本"资讯，随机筛选相关资讯 56 篇，剔除内容雷同或同一来源的资讯，获取 29 篇资讯，相关信息整理如表 2–2。由表 2–2 分析得知，社会资本在体育资讯中的表述主要是指社会资金，这一表述占到 96.6%，其中与体育产业相关的表述占到 41.4%，场馆设施占27.6%，体育赛事、体育旅游及体育服务业均占到相关的 6.9%，职业俱乐部相关的表述占到 3.4%。社会资本的"社会学"表述仅有一条，占到 3.4%。可见，体育业界对社会资本的认知主要集中在经济学意义上，即社会资本是指社会上的资金，是相对于政府投入并支持体育发展的资金而言的。另外，到 2018 年，社会资本的社会学阐述在业界开始出现。

表 2–2　体育资讯中的社会资本

序号	标题	来源	时间
1	两会你我他丨总台帮你问：健身热情有余 体育设施不足	国际在线	2022/3/9
2	专家：全民健身设施补短板工程利好两类上市公司	证券日报	2022/2/16
3	辽宁省体育局携手社会资本成立男排职业俱乐部	人民网	2021/6/17
4	如何发展体育产业服务全民运动? 冯国鑫委员建议引入社会资本	河南政协网	2021/1/17

（续表）

序号	标题	来源	时间
5	鼓励社会资本参与体育设施建设	株洲日报	2020/10/13
6	宁波高架桥下"变"出 20 多个体育场馆引社会资本挖体育产业"金矿"	浙江省体育局	2020/8/20
7	博兴县社会资本助推体育产业融合发展	滨州网	2020/7/9
8	打破"政府包办"，赛事运作成功注入社会资本	澎湃新闻	2019/11/4
9	北京：社会资本投资建设新建体育场馆可申请补助	搜狐网	2019/9/16
10	国务院力促体育消费 支持社会资本投资	证券时报	2019/8/29
11	越来越多的社会资本进入体育产业，久悦体育靠什么脱颖而出？	人民政协网	2019/8/29
12	体育社团社会资本实证研究——以广州单项体协为例	中国体育报	2018/4/2
13	国家速滑馆建设引入社会资本 赛后将成多功能冰上运动中心	新华社	2018/2/4
14	社会资本投资体育产业的温州模式：体育产业这块蛋糕该怎么切	温州新闻网	2017/10/12
15	甘肃省出台意见，鼓励社会资本投资医疗、文化、体育等社会领域	搜狐网	2017/9/21
16	社会资本进军广东体育服务业	中国体育报	2016/12/29
17	两部门鼓励社会资本参与体育旅游重大项目建设	上海证券网	2016/12/22
18	发改委发布指导意见：鼓励社会资本参与体育服务	人民网	2016/11/8
19	深圳官员：撬动社会资本发展体育产业	中国新闻网	2016/7/11
20	体育场馆"一用就亏" 姚明建议引入社会资本	搜狐网	2016/6/10
21	姚明两会提案：体育馆利用率低 应引入社会资本	新华网	2016/3/8
22	吉林：积极引入社会资本 促进体育与旅游业融合发展	中国经济网	2016/1/5
23	社会资本加速进入体育产业	中国证券网	2015/12/8
24	国家体育总局：体育场馆建设需要增加社会资本投入	新华网	2015/12/8
25	王随莲：积极鼓励社会资本进入体育领域	齐鲁网	2014/11/27
26	江苏体育局局长：要把社会资本引入体育产业	央视网	2014/11/16

（续表）

序号	标题	来源	时间
27	国务院印发意见：鼓励社会资本进入体育产业	人民网	2014/10/21
28	评论：通过简政放权吸收社会资本 发展体育赛事	央视财经评论	2014/9/4
29	观澜湖球会主席朱树豪：体育产业让社会资本当主角	新浪网	2005/5/17

注：依据官方网站公开资料整理

2.3.3 体育研究中的社会资本

随着体育运动的广泛开展和体育科学的深入探究，诸多学科的理论与概念被引入体育领域，以用来解释日益纷繁的体育现象，进而探求体育发展之规律。尤其社会资本越来越受到研究者的青睐与关注。首先，是在社会资本与体育运动相关的研究中。"体育运动具有培育生成社会资本的功能[1]"业已成为相关研究之共识。从早期将社会资本引入体育领域[2]，到对社会资本概念、内涵的探究[3]，再到体育运动（社区体育[4]，学校体育[5]，整体参与[6]，具体项目——足球[7]、篮球[8]、游

[1] 周结友，裴立新.国外体育运动与社会资本研究：缘起、成果与启示[J].体育科学，2014，34（7）：73–82+96.

[2] 易剑东.社会资本与当代中国体育用品成长[D].北京：北京体育大学，2002.

[3] 周结友.社区体育组织社会资本研究[D].上海：上海体育学院，2015.

[4] 任波.社区体育活动与居民社会资本积累[J].长春师范学院学报（自然科学版），2013，32（4）：87–88.

[5] 蔡东山.体育运动与大学生社会资本累积[J].福建师范大学福清分校学报，2008（5）：86–89.

[6] 仇军，钟建伟.城市中体育参与与社会融合的理论研究：以大众体育为例[J].体育科学，2010，30（12）：29–33.

[7] 张剑利，王章明，徐金尧.资本拥有与草根体育参与[J].体育与科学，2008，29（4）：10–13.

[8] 李洪君.从社会资本的视角看村庄生活中的休闲体育[J].武汉体育学院学报，2009，43（7）：29–32.

泳、台球、网球[1]，运动频次[2]，志愿服务[3]，体育赛事[4]，体育运动器材设施[5]等）对社会资本的生成，大致勾勒出了体育领域中社会资本研究的发展脉络。就项目的参与种类而言，山地徒步对社会资本的影响力不足。其次，社会资本对体育运动参与的影响也得到了大量论证。例如，应用社会资本促进社区体育[6]、学校体育[7]的发展，促进体育组织的发展[8]，促进运动员的成长[9]，以及对运动参与[10]进行影响，等等。社会资本以其丰富的概念、内涵在体育领域孕育了诸多的研究成果，拓展了体育研究的视角和范围。但是，社会资本作为多维度、多层次的概念，加之研究层次上的偏差，致使目前仍然存在社会资本概念混乱的情况[11]。另外，体育领域中的社会资本还出现在体育产业相关的研究中。整体上，引入社会资本促进体育产业的发展[12]可谓目前之共识。具体而言，涉及通过社会资本引入、促进

[1] 李冰星.网球俱乐部会员社会资本特征研究：以郑州为实证地[D].开封：河南大学，2011.

[2] 张晓丽，雷鸣，黄谦.体育锻炼能提升社会资本吗？——基于2014 JSNET调查数据的实证分析[J].上海体育学院学报，2019，43（3）：76–84.

[3] 张世强.社会资本视角下体育赛会志愿者的可持续发展[D].济南：山东师范大学，2012.

[4] 孙昭君，张进.从社会资本角度看我国体育赛会青年志愿者的可持续发展[J].山东青年政治学院学报，2012，28（2）：32–35.

[5] 刘东升，邹玉玲.论体育场馆设施的社会资本创造功能[J].体育文化导刊，2012，48（8）：80–83.

[6] 刘艳丽，苗大培.社会资本与社区体育公共服务[J].体育学刊，2005，12（3）：126–128.

[7] 赵栩博，张洪顺.从社会资本视野审视学校体育场地开放[J].体育成人教育学刊，2006，22（3）：18–19.

[8] 鲍东东，张华伦，宋伟.社会资本视角下群众体育社团组织发展路径[J].上海体育学院学报，2014，38（4）：31–34.

[9] 安民兵.个人资本与运动员进入体育行业的功效探析[J].体育文化导刊，2006，42（3）：53–55.

[10] 张秋亮.城市青少年体育参与及其家庭社会资本关系的研究[D].武汉：武汉体育学院，2014.

[11] 黄谦，张晓丽.社会资本理论在我国体育研究中的现状、特点与展望[J].上海体育学院学报，2018，42（3）：17–22.

[12] 刘亮，吕万刚.新时代我国体育产业高质量发展的理论探赜与问题论域[J].北京体育大学学报，2021，44（7）：1–8.

产业转型[1]、优化资源配置[2]、建造基础设施[3]、助力乡村振兴[4]、提升品牌竞争力[5]等。可见，社会资本在体育领域中已成为较为活跃的概念，且为体育发展贡献了良好的研究视角和内涵框架。

社会资本因研究层次和研究对象存在差异致使其概念、内涵混淆不清。因此，社会资本在体育领域应用中需要明确研究对象及其层次规模。现将不同研究层次的内涵、研究对象以及常用的测量指标整理如下，见表 2-3。

表 2-3　不同层次的社会资本内涵及测量指标

研究层次	研究对象	概念内涵	常用测量指标
微观	个人	关注获取资源的人际网络，研究个体关系的构建	网络规模、网络强度、网络构成、网络顶端、网络差异、网络资源、人际相处能力、人缘
中观	群体、社区、组织等	社会资本存在于社会结构的要素中，表现为特定的网络结构化，以及群体或组织的义务、期望、规范和惩罚	互惠信任、社区互助、社区关系网络、社区凝聚力、社会参与、社会信任
宏观	行业、地区、国家等	社会资本包含在政治、经济、文化体系中，其功能有助于社会行动的协调和社会效率的提升	信任、规范、网络结构

体育领域中的很多学者因为不清楚研究层次，对原本属于微观层次的社会资本研究对象，在其研究内容上却使用了中观或宏观社会资本的概念和测量方法[6]。例如，有学者在研究城市农民工子女体育社会资本时，将社会资本划分为社会信

[1]　徐诚炜.中国体育产业发展存在的问题及应对之策：评《"互联网+"背景下中国体育产业发展模式研究》[J].科技管理研究，2021，41（18）：246.

[2]　付东，李旻."一带一路"背景下四川省体育产业发展路径研究[J].成都体育学院学报，2021，47（4）：93-99.

[3]　徐成立，张宝雷，张月蕾，等.中国体育产业政策文本研究：基于政策工具和创新价值链双重视角[J].中国体育科技，2021，57（3）：58-66.

[4]　朱鹏，陈林华.体育助力乡村振兴的经验与价值及路径选择[J].体育文化导刊，2021（2）：28-35.

[5]　师博，任保平.大型体育赛事助推城市高质量发展的效应研究：基于第14届全运会的分析[J].西安体育学院学报，2021，38（2）：134-139.

[6]　黄谦，张晓丽.社会资本理论在我国体育研究中的现状、特点与展望[J].上海体育学院学报，2018，42（3）：17-22.

任、社会规范、社会凝聚力和社会适应四个维度。城市农民工子女的体育社会资本本应属于微观层次，但其四个测量指标是中观或宏观的社会资本指标[1]。因此，在体育领域中开展社会学意义上的社会资本相关的研究必须明确研究对象以及所处的层次，把握好微观、中观、宏观上的内涵区别。

综上，社会资本在体育领域中既表达着经济学中的社会财力（实质上是一种经济资本），又表达着社会学中的无形资源（实质上是一种关系资源）。事实上，早有学者提出因社会资本与"资本"的三个特征（时间的延续性、为未来收益做出当前牺牲、可让渡性）不相符，放弃社会资本这个概念[2]。也有学者提出，因社会资本概念具有误导性，建议用"社会能力"替代[3]。目前，社会资本这一概念的两种内涵均具有理论渊源，而且在不同领域也具有一定的适用性。一是指社会资金或财力，主要为体育产业的发展提供可能[4]；二是社会学意义上的概念，其含义是嵌入人际社会关系中可动员的资源[5]。然而，社会资本在体育领域的社会学解释，因种种原因仍存在着分歧与内涵上的混乱。例如，通过社会资本的概念和体育相关要素融合形成的社会体育资本[6]、体育社会资本[7]、社区体育社会资

[1] 孙中芹.城市农民工子女体育社会资本的结构：经验数据的探索与验证[J].天津体育学院学报，2014，29（3）：241–246.

[2] 肯尼斯·阿罗.放弃社会资本[M].曹荣湘，编译：《走出囚徒困境：社会资本与制度分析》，上海：上海三联书店，2003：227.

[3] STEPHEN S. SMITH,Jessica Kulynych. It may be Social ，but why is It Capital? The Social Construction of Social Capital and The Politics of Language[J] Politics & Society，2002，30（1）：149–186.

[4] 赵溢洋，孙曙光.体育与社会资本研究的西方基础与本土化探索[J].北京：北京体育大学学报，2014，37（10）：44–50+55.

[5] 林楠.社会资本：关于社会结构与行动的理论[M].张磊，译.上海：上海人民出版社，2005：18.

[6] 张剑利，靳厚忠，徐金尧.社区体育资本与和谐社会[J].武汉体育学院学报，2007，41（8）：6–11.

[7] 王斌.青少年体育社会资本概念架构及其实证研究：以山西省青少年经验数据为例[D].临汾：山西师范大学，2013.

本[1]、社区体育组织社会资本[2]、体育社团社会资本[3]、体育用品制造业社会资本[4]等等。虽然社会资本的概念目前尚未达成共识，但是社会资本理论被引入体育领域后，使社会资本的研究范围得以拓展，概念、内涵得以创新。综上，体育学界对社会资本的概述分歧较大，既有源于社会学理论的阐述，又存在着社会资金、财力意义上的内涵。体育业界和政策制度中对社会资本的描述较为统一，主要是指经济学意义上的社会资金。这或与当前体育产业高速发展有着重要关系。总体上来说，体育领域中社会资本的概念是存在分歧的，并不限于社会学意义上的共识缺失。

体育领域中社会资本的概念存在经济学与社会学两种不同阐述，是目前概念分歧的主要表现。概念分歧的次要表现为在体育领域中存在不同视角和层次上的认知差异。不论是不同学科（经济学和社会学）上的大分歧，还是单一学科（社会学）内的小分歧，对于体育运动的促进及其发展规律的探究显然都是消极的。基于此，有必要从社会资本概念的源流作进一步探究。

2.4　社会资本理论的理性援引

目前，社会资本在体育领域具有不同的内涵和所指，援用社会资本概念时应尊重不同范畴下的规律和特点，以避免概念应用出现偏差。同时，体育领域中的社会资本相关研究的深化与发展也是建立在概念明确、内涵清晰的基础之上的。

[1] 郭铜樑，任波.社区体育社会资本测量的实证研究 [J].体育研究与教育，2012，27（5）：30−32.

[2] 周结友.社区体育组织社会资本研究 [D].上海：上海体育学院，2015.

[3] 黎纯.社区体育：居民培育社会资本的平台——以长沙市A、B两社区为例 [D].长沙：中南大学，2009.

[4] 刘河旺，刘明昌，朱黎明.基于企业社会资本的体育用品制造业产业集群发展战略研究 [J].成都体育学院学报，2011，37（5）：54−58.

因此，要对不同范畴下社会资本概念的援用进行分析，以丰富体育现象的解释，促进体育的整体发展。

2.4.1 援用经济范畴的社会资本，要充分明确其性质和行为规律

鼓励社会资本进入体育领域，促进体育产业的发展既是时代发展的经济要求，也是体育发展的动力支撑。然而，资本的增殖属性是不能忽视的。我国体育产业的发展存在着忽略项目运动本身发展的问题，大多数把重点放在了见效快、利润高的体育总部经济、体育服装、体育制造、体育旅游和体育赛事等方面。一个没有群众基础的体育项目，是注定不会发展为产业，也注定不可能衍生出相关产品的。另外，体育小镇"体育＋房地产"模式的纠偏，城市健身房大部分都不是健身产业，而是"地产＋金融"，都警示出了业界社会资本的逐利性。学界对社会资本概念的经济学表述主要是社会资金 [1]，但遗憾的是，对社会资本的性质和规律未作深入介绍。这也昭示了体育产业研究中基于资本性质和规律的研究将成为后续研究的重点。体育领域中在市场化、产业化的发展背景和要求下，传统体育的师承模式和师徒关系逐渐消解，传统体育的活跃广度和影响深度正在收缩。体育中冷门绝学的传承濒危与遗产保护，同时伴随而来的"大师作秀、竞技逐荣"和营销泛滥、舍本逐末，无不折射出体育自身传承和发展上的弱化与萎缩。实际上，把社会资本引入体育产业存在着一对天然的矛盾。一方面是资本不断增殖的属性使然，容易忽视体育自身的发展，不能创造丰富的产品满足人们的需求。另一方面是人们对于体育参与热情的高涨，却难以转化为经济上的增长。这就启示我们：社会资本作为经济概念援用至体育领域，既要正确认识和把握资本的特性和行为规律，支持和引导资本规范健康发展，又要促进体育自身的发展以不断满

---

[1] 师博，任保平.大型体育赛事助推城市高质量发展的效应研究：基于第 14 届全运会的分析 [J]. 西安体育学院学报，2021，38（2）：134–139.

足人们对美好生活的需求。简言之，把握好"谋利"和"务本"之间的平衡，才是引入社会资本促进体育发展的关键。

2.4.2 援用社会学理论中的社会资本概念，要立足于我国传统理论文化，创造中国主题话语的体育理论体系

社会资本理论作为西方社会学的构成内容之一，有其产生、发展的环境和背景，相关研究数据和内涵建构也是在西方国家社会环境下展开的。如果不结合我国传统理论及文化特点进行本土化改造，未必能够指导我国体育实践的演进，社会资本概念的引入与援用反而会成为一种负担：一方面容易引起概念上的混淆，尤其是与经典的马克思理论中的社会资本相混淆；另一方面会对中国化了的马克思理论产生冲击。如果社会资本概念成为一种主导性的学术话语，成为人们现实生活中的一种普遍的社会理念，成为一种被人们认可的社会意识形态的话，那对于世界社会主义事业来说是一件十分可怕的事情[1]。因其毕竟是西方资本主义主导的话语体系，而不是从社会主义根本利益出发建构起来的。因此，社会资本的概念范畴和适用性必须先弄清楚。

事实上，中国学者是先于西方国家从联系性视角研究中国社会[2]的，而且他们的理论研究对当下社会仍具有深远的影响和持续的解释作用[3]，例如费孝通先生的"差序格局"理论[4]。基于中国社会的"差序格局论""伦理本位论"[5]"情境中心论"[6]"社会取向论"[7]等关系理论，以及熟人社会"面子""人情"等的文化

[1] 戴圣鹏 . 一个被偷换的概念：社会资本 [J]. 学术研究，2017，（8）：6–9.

[2] 李培林 .20 世纪上半叶社会学的"中国学派"[J]. 社会科学战线，2008（12）：13–16.

[3] 阎云翔 . 差序格局与中国文化的等级观 [J]. 社会学研究，2006（4）：201–213.

[4] 费孝通 . 乡土中国 [M]. 北京：北京大学出版社，1998：27–28.

[5] 梁漱溟 . 中国文化要义 [M]. 上海：上海人民出版社，2011：76–91.

[6] 许烺光 . 宗族·种姓·俱乐部 [M]. 北京：华夏出版社，1990：1–281.

[7] 杨国枢 . 中国人的心理 [M]. 北京：中国人民大学出版社，2012：1–27.

习俗形成的特色研究，对体育与社会资本的本土化有着特殊的意义[1]。因此，社会资本概念援用西方学者的原创理论时，要参考本土的经典内容进行本土化改造，进而搭建中国主题话语的体育理论体系。这方面的代表性学者是边燕杰教授，他将社会资本的测量融入中国情境，提出了"拜年网""餐饮网""求职网"等测量社会资本的新方法[2]。近期，他带领的学术团队在抗击新型冠状病毒肺炎疫情的过程中，考察了防疫社会资本对体育锻炼和身心健康的影响[3]。这无疑增强了中国体育的话语体系和"文化自信"。另有学者在实证城镇化影响个人社会资本的研究中提到：城镇化对社会资本存量的影响显示出孔子所说的"无友不如己者"的趋势，即一方面促进了低学历群体的社会资本存量，另一方面也使得高学历群体的社会网络更为封闭[4]。笔者不同意将"无友不如己者"引用为人们更少地与不如自己经济地位的朋友交往。事实上，将社会资本的积累与拓展等同于巴结权贵、结识精英，这一理念不仅存在对社会资本的误读，同时也是扭曲我国优秀传统文化的根源的表现。显然，这与孔子倡导的"君子喻于义，小人喻于利""与朋友交而不信乎？""三人行必有我师焉"等思想内涵是背道而驰的。这启示我们：社会资本理论援用要立足传统文化，不应存在对传统文化的"误解"或"矮化"。

2.4.3 社会学范畴下的社会资本要从体育实践出发，验证社会资本理论的价值，促进体育实践的发展

理论的探究必将以推动实践为追求。社会资本的援用既要结合我国当前体育

[1] 赵溢洋，孙曙光.体育与社会资本研究的西方基础与本土化探索[J].北京体育大学学报，2014，37（10）：44–50+55.

[2] 林南.从个人走向社会：一个社会资本的视角[J].社会科学战线，2020（2）：213–223.

[3] 缪晓雷，边燕杰.防疫社会资本、体育锻炼与身心健康[J].上海体育学院学报，2020，44（12）：1–12.

[4] 田丰，付宇.无友不如己者：城镇化如何影响个人社会资本[J].社会学评论，2020，8（5）：74–87.

发展的实践，又要去推动体育实践的进步和提升。中国体育近几十年的发展实践不仅为社会资本理论的验证提供了大量的研究素材和数据基础，而且为社会资本理论自身的创新和发展提供了可能。尤其为全民健身、体育强国、健康中国的推进和发展，提供了验证社会资本理论的科学性，促进了社会资本理论深化发展的前所未有的体育新世界。因此，能否推动我国体育事业深入发展就成为检验社会资本理论的重要参考。当代学者的研究成果无不提供着良好的借鉴和参考。例如，黄谦[1]、张晓丽[2]等学者基于"中国家庭追踪调查"实证了体育参与促进社会资本（个体、集体层次）生成的路径和方式。这种基于中国本土数据的研究无疑为指导我国体育实践奠定了基础，同时也为相关体育政策的制定提供了参考。

综上所述，社会资本能够发展并有其自身的生命力所在，尊重其自身的规律和特征就是援引的基础。同时对传统文化要具备相当充足的储备和认知，否则容易因误读了传统文化而生搬硬套。值得庆幸的是，目前，我国体育事业正处于高质量发展时期，强大的群体参与、有力的政策指引、活跃的市场氛围、有序的社会治理均为体育事业的发展提供了良好的环境，这不仅是体育实践发展的重要阶段，更是体育理论勃兴的重要阶段。

[1]　黄谦，张晓丽，葛小雨 . 体育参与促进社会资本生成的路径和方式：基于 2014 年《中国家庭追踪调查》数据的实证分析 [J]. 中国体育科技，2019，55（7）：63–70.

[2]　张晓丽，雷鸣，黄谦 . 体育锻炼能提升社会资本吗？——基于 2014JSNET 调查数据的实证分析 [J]. 上海体育学院学报，2019，43（3）：76–84.

第3章 山地徒步

3.1 山地徒步的起源探析

户外运动自古有之，源自人们的劳动生产。尤其徒步，更是直接脱胎于劳动生产而发展成为独立的运动项目。随着时代的发展，户外运动被赋予了不同的时代内涵和价值。显然，山地徒步就是依山地环境而开展的活动，或侧重于运动，或侧重于旅游，或侧重于研学教育等，其概念、内涵较为清晰，外延边界明显。然而，若论起具体的起源，应该说是早期的狩猎与采药活动与山地徒步在实质意义上更为接近。徒步，最早的解释就是行走。然而，现代意义却赋予徒步区别于其他交通工具的独立性，使之成为人们接近自然、融入自然的一种运动方式和一种休闲性生活方式的构成内容。与其相似的几个概念还包括散步、远足、竞走、穿越和登山。散步，是一种随意的行走，或锻炼，或娱乐，或休闲，或无目的、长期以来，散步已成为茶余饭后的经济、有效、简单可行的活动形式。散步的场合不固定，几乎可以开展于任何环境中。远足，在活动形式和内涵上与徒步存在交叉和异同。远足相较于徒步，更侧重于长时间、长距离，一般理解为"长途步行运动"，当然也包含着山地区域，实际上，远足可以涉及多种地形地貌，例如，丛林、平原、峡谷等。竞走，属于规范明确的竞技田径项目，其规则规定支撑腿必须伸直，从单脚支撑过渡到双脚支撑，在摆动腿的脚跟接触地面以前，后蹬脚的脚尖不得离开地面，以确保没有出现"腾空"现象[1]。1906年，国际奥委会会议首次将竞走列为比赛项目，当时设有1500米和3000米两个项目。从1956年奥运会开始，设20公里竞走和50公里竞走两个男子比赛项目。1992年，巴塞罗那奥运会将女子10公里竞走列入正式比赛项目[2]。穿越，与远足并无实质上的差别，但是穿越在行程上侧重单程，强调路线上的起点和终点，而且具有较强的探险性和挑战性，参与者在感受大自然各种地形地貌之魅力的同时，也是在挑战自身的体能和勇气。登山，作为运动项目而言，是指攀登超越海拔3500米以上的山峰，但是在日常生活中登山并不限于一定的高度。事实上，广义的登山运动并不限制所登山岳的高度、攀登的方式、使用的器材等，而狭义的登山运动则指利用专门的装备和技术攀登一定海拔范围的山峰。综上，虽然各种运动形式和活动在名称上各有所指，但是，在与山地徒步的对比和分析中可以发现，山地徒步的内涵更为具体，指向性更加明确，而且面向的参与对象也是最为广泛的，同时也突出了山地资源的依托性。需要强调的是，山地徒步与上述活动在形式上并没有实质的区别，在共性上有一点非常明确，那就是运动，在对参与者的生理性健康促进上的意义是毋庸置疑的。同时在心理和社会适应上也是具有积极意义的。

虽然，从具体的时间与运动形式已难以回答山地徒步的起源问题，但是从山地徒步参与中所凝聚出来的文化元素却可以提供大量的线索，对起源问题进行探析。从我国传统文化的发展历程而言，山地徒步和登山（并非现代意义的3500米以上的山脉攀登），有着更多文化内涵上的起源。《中国登山史研究》[3]中论述了古代登山的内涵：山岳有灵—为祭祀而登；山川宜赏—为审美而登；山中宜修—

[1] 金乔，贾书芳，李腾. 中国徒步旅游的发生、发展与展望 [C]. 国际徒步论坛，2012.
[2] 周继厚. 中外体育徽章图志 [M]. 济南：山东画报出版社，2009：210–211.
[3] 姚路嘉. 中国登山史研究 [D]. 曲阜：曲阜师范大学，2020：11.

为修行而登；山水之乐—为享乐而登。结合本研究的项目特征，主要从宜赏、宜乐两个方面进行阐述。首先，诸子百家中，老、庄极力推崇自然，以自然山水论道，他们对自然之道的把握，一个重要的方面就是源于对自然山水的观察和认识，而其对自然之道的弘扬与推崇又进一步强化了对自然山水的理解和认同[1]。这就为亲近山水赋予了审美的意义。不仅道家为人们提供了探析山地徒步的文化渊源，儒家学说同样也为山地徒步的文化内涵注入了重要的内容。儒家学说以山岳养育草木鸟兽，为人们提供丰盈的物产却不求回报的特征，比喻仁者的高尚德行，希望人们通过与山水的接近，沟通自然之美与道德精神的内在联系，探求山岳文化的道德意义，实现"天人合一"的境界[2]。山川的自然之美无不是人们生发感慨与种种情愫的原因。尤其，泰山的雄伟与壮阔、华山的险峻与挺拔、黄山的奇峻与钟灵、庐山的秀丽与清新、峨眉山的巍峨与秀美，无不让人们流连忘返。另外，山川之美秀早已被历代文人的经典作品所歌颂与赞美。例如，杜甫的"会当凌绝顶，一览众山小"已成为众多山地徒步爱好者的重要体验目标之一；李白的"相看两不厌，只有敬亭山"和苏轼的"不识庐山真面目，只缘身在此山中"不仅成为山川审美的经典诗句，而且融合了更多的文化内涵。实际上，历代文人墨客在祖国的名山大川留下的宝贵的文化遗产，直到今天仍是人们上山感受历史、体验文化意蕴的重要载体。例如，泰山石刻的书法价值、文学价值和审美价值等一直是吸引人们徒步登山的重要"力量"。综上，山川之美的自然力量是促使山地徒步发展的客观基础。

其次，山川宜乐的参与情况反映了人们登高游览的深度体验和对山川审美的实践行动。事实上，乐的体验源头是多元的，也是复杂的，甚至是叠加多重因素的。但是在山地徒步能够给予参与者的种种体验中，快乐应该是必不可少的。山

[1] 周怡，刘振中. 中国传统复归意识、山水审美及其文化解释 [J]. 理论学刊，2009（8）：98–102.
[2] 闫振中. 山文化与登山运动 [J]. 西藏文学，2002（2）：78–82.

地徒步所能给予的并不仅仅是山川风光、美景、美物。实际上投入山地徒步的过程中，其中的休闲感受是参与者乐趣的主要来源。相对于平日工作的忙碌和辛苦，山地徒步不仅将闲暇与运动融合，更为重要的是营造了相对安静的环境和空间。休闲常被认为是与身体劳动相对的一种状态，为人们的思考、精神上的发展、物质文化的促进提供了机会，是把人们从物质劳动中解放出来的一种方式。人们追求休闲不仅是为了放松、自我进步及家庭的稳定，也是为了有逃避的机会，有新奇、复杂、兴奋和幻想的机会。休闲可以使我们获得更多的幸福感，可以保持内心的安宁[1]。实际上，在现实生活中，人们既要承受着紧张的工作压力、生活节奏的压力，甚至是各种竞争所带来的痛苦或挫折也要承受着，但又必须严格遵守着一定社会环境下的规范，各种价值标准和道德约束或是成就了人们的成长和进步，或是增加了心理上的一种紧张状态。长此以往，压抑和紧张极易导致身心疲劳、郁闷和痛苦，以致心理障碍[2]。为了缓解压力和紧张，人们需要身心的放松、解脱和宣泄。通过休闲活动把人们从常轨故辙中解放出来，把潜在能量引向积极健康的运动游戏和休闲娱乐状态，使人消除身心的紧张与拘束，全身心地投入、欣赏、体验运动的乐趣，产生一种幸福感、满足感和快乐，让人们在情感的宣泄中获得补偿，在活动过程中获得快乐和愉悦，使情感得到陶冶、心灵得到净化，内心世界更加丰富[3]。如果说休闲行为带给参与者的体验是一种乐趣的话，山地徒步背后还隐藏着另一种乐趣。山地徒步的过程实际上也印证了参与者平时掌握和储备的知识情况，或是地图路线情况，或是植被情况，或是气候变化情况等。例如，明代地理学家、旅行家和文学家徐霞客，一生志在四方，足迹遍及今 21个省、市、自治区，"达人所之未达，探人所之未知"，所到之处，探幽寻秘，并

[1] 马惠娣，刘耳. 西方休闲学研究述评 [J]. 新华文摘，2001（8）：170–173.

[2] 肖焕禹. 休闲体育的演进、价值及其未来发展取向 [J]. 上海体育学院学报，2010，34（1）：6–11.

[3] 肖焕禹，方立. 奥林匹克运动跨文化传播价值及其发展策略 [J]. 上海体育学院学报，2008（2）：20–22.

记有游记，记录观察到的各种现象、人文、地理、动植物等状况 [1]。其中，徐霞客在黄山之行中直言："薄海内外，无如徽之黄山，登黄山天下无山，观止矣！"直至今天，徐霞客的黄山攀登路线仍是人们探寻古人足迹、领略黄山之美的重要参考和文化遗产。踏着古人的足迹，感受祖国山川之美，对于每一位中国人而言，无不是自豪的。这种乐趣无不印证了"学而时习之，不亦说乎！"的内涵。总之，山川之旅为山地徒步的起源提供了重要的主观行为上的基础。

最后，民俗活动的兴起与发展促进了山地徒步的规范化和仪式化演进方向。民俗活动的发展不仅为山地徒步奠定了群众基础，也为全国各地的山地徒步的全面推进提供了可能。众多的民俗活动使得人们在参与山地徒步的选择上呈现出了地域化、多样化、传承化的特点。现以重阳节登高民俗活动为例进行阐述。重阳节是中国民间传统节日，在农历九月初九。一般包括出游赏景、登高远眺、观赏菊花、采摘草药、摆敬老宴、吃重阳糕等活动。1989 年，我国政府将农历九月初九正式定为"中国老人节""敬老节"，重阳节又成为一个尊老、敬老、爱老、助老的节日。2006 年 5 月 20 日，重阳节被国务院列入首批国家级非物质文化遗产名录。2012 年 12 月 28 日，《中华人民共和国老年人权益保障法》进一步在法律上明确规定，每年农历九月初九作为老年节。在中国古老的《易经》中，把"六"定为阴数，把"九"定为阳数，又称"极数"，指天之高为"九重"。九月初九，日与月皆逢九，是双九，故曰"重九"，同时又是两个阳数合在一起，故称"重阳"，所以这一天为重阳日。重阳是"清气上扬、浊气下沉"的时节，地势越高，清气越聚集，于是"重阳登高畅享清气"便成了民俗事项。金秋九月，天高气爽，这个季节登高远望可达到心旷神怡、健身祛病的目的。时至今日，重阳登高已成为全国各地重要的民间民俗活动。实际上，祖国大地上有着无数的雄山峻岭，时刻

[1] 陈仲梅. 徐霞客与旅游日 [N]. 人民日报（海外版），2012-05-19（7）.

以瑰丽多彩的风光吸引着人们前往。总之，山地徒步运动在多样式的民俗活动中发展了起来。

综上所述，山地徒步在我国源远流长，传承有序，是依托于山地环境和地理优势等客观基础并基于民间民俗活动发展起来的重要体育项目。从运动项目的起源来讲，山地徒步与近代起源于欧洲的登山竞技活动有着文化上的实质性区别。另外，需要强调的是，体育运动的起源与发展的探究依托我国历史文献的研究和民间民俗活动的分析不失为一个重要且极具意义的选择。

3.2 山地徒步与体育旅游

从山地徒步的起源上看，其与旅游有着密切的关系。实际上，山地徒步与旅游的关系需要进一步探讨和分析，尤其要明确两者的异同点，对于探究山地徒步对社会资本的影响具有重要意义。若要弄明白山地徒步与旅游的关系，就必须先回答体育与旅游的关系，或者体育旅游是什么样的内涵与外延必须清楚。首先，《体育大词典》中将体育旅游定义为以观赏、观看或参与体育活动为内容的旅行游览活动 [1]。有学者强调了体育旅游的非营利性。后又有学者对其概念外延进行扩大，将体育旅游定义为以娱乐、健身、经济、康复、探险等为内容的旅游活动，而且包括体育专业人士、体育爱好者以参与、观赏体育竞技、参加体育大会、体育交流等为目的的旅游活动 [2]。除了以体育为中心的界定以外，还存在以旅游为中心的界定。例如，有学者强调体育旅游只是旅游者在旅游过程中从事的各种与体育有关的活动 [3]。国内学者的侧重点主要从学科本位出发进行界定，实质上的差

[1] 陈安槐，陈萌生.体育大辞典 [M].上海：上海辞书出版社，2000：6.
[2] 孙东敏.体育旅游开发研究：以河北省为例 [D].石家庄：河北师范大学，2002：10–21.
[3] 韩鲁安，杨青春.体育旅游学初探 [J].天津体育学院学报，1998，13（4）：61–62.

异不大。国外较早描述体育与旅游相互关系的学者是安东尼，他主要论述了体育活动在度假旅游中的角色。后来，有学者将体育旅游定义为在特定的休闲时间里，人们因被特殊的自然吸引物和体育户外休闲设施吸引而产生的旅游行为。体育旅游是一种协同现象，是体育和旅游的结合体，是指不同的人在特殊场所相互交往过程中衍生的一种社会、经济和文化现象。这种观点融合了体育与旅游的双重属性，具有一定的进步性。关于旅游，目前并没有统一的概念。通常认为，旅游是人们为寻求精神上的愉快感受而进行的非定居性旅行和在游览过程中所发生的一切关系和现象的总和[1]。综上，体育与旅游的概念从不同学科的角度出发，各有其关键要素和内涵，但是旅游的过程也存在属于体育参与的各种要求和属性，只是在活动空间的定居性和消费意义上有所不同，营利性并非区分体育活动的实质性关键。因此，山地徒步活动和旅游活动在参与过程中是一致的。其一，山地环境所存在的吸引物自是不言而喻的。其二，山地线路的完成必然需要一定的体力或者体能消耗。实际上，山地徒步运动强度较大，而且存在一定的运动风险，安全因素尤为重要。山地徒步活动的安全问题后续内容将设立专章进行讨论，此处需要强调的是安全问题不仅影响着参与效果，也对项目本身的发展产生着重要的影响。根据中国登山协会登山户外运动事故研讨小组的不完全统计，历年事故案例和统计分析反映出，登山和徒步穿越事故较多的原因是两个项目相对于其他项目来说门槛较低，对技术、装备等方面要求较低，使得参与人群较多，成为大众最易接近的项目，尤其在疫情控制良好的前提下，参与人群大幅度提升。但是因山地徒步要求低，易导致参与者麻痹大意、放松警惕，同时因缺乏登山户外经验，缺少专业的知识、装备和技术，没有做好出行前计划的制订和当地天气、地形地貌的了解，再加上一定的盲目性和安全意识的淡薄，导致事故时有发生。总之，

---

[1] 赵承磊. 我国城市体育旅游资源与产品的理论和实证研究 [D]. 上海：上海体育学院，2012：28–29.

山地徒步具备着体育与旅游的双重属性，是一般体育项目所不具备的。同时山地徒步的线路选择确实可以累积众多信息资源，尤其山地环境中所承载的历史文化资源，为参与者提供了特殊的参与感受。

体育旅游的发展前景是不容忽视的，尤其融合了山地徒步元素的发展模式。为了全面落实"健康中国"国家战略，践行"绿水青山就是金山银山""冰天雪地也是金山银山"的发展理念，促进体育产业与旅游产业融合发展，满足人民群众不断增长的户外运动需求，国家体育总局、文化和旅游部联合发布了"2022年国庆假期体育旅游精品线路"。吉林环长白山体育旅游线路主要包括环长白山365慢行绿道系统及长白山主要景区、长白山国际度假区、长白山国际狩猎度假区、千年崖城风景区等景区景点，提供户外旅行、企业团建活动、青少年营地教育等方面的游客服务，主要包括森林骑行、徒步登山、露营等户外运动项目以及漂流、皮划艇等水上娱乐项目。事实上，全国各地体育旅游的发展态势呈现出良好的势头。精品线路、体育小镇、户外营地等各式各样的发展模式和样态为山地徒步与体育旅游的融合创造了条件。需要强调的是，在活动形式和内容上，山地徒步与体育旅游已无明显的边界，而且两者在实质性内涵上也无明显的冲突。实际上，山地徒步作为体育旅游的一个方面，有其体育属性，亦有其旅游属性。无论是从体育视角，还是旅游视角，山地徒步的特殊性，或者价值内涵是其在众多体育项目多元化发展之际所关注的重点，也是保障项目不被同化的原因所在。需要注意的是，虽然按照旅游的属性能够挖掘山地徒步运动项目的经济价值，但山地徒步的参与基数才是促进经济发展的基础。从体育产业发展的历程来看，体育产业的发展应该以体育项目本身的发展为基础、为根本，只有体育项目本身具有广泛的群众基础和发展规模，而且群众参与达到一定程度，才会由体育项目运动本身的发展而衍生出其他诸如服装、制造、销售、彩票、经纪人、旅游等相关行业的发展，进而才能促进体育产业的发展。因此，山地徒步的发展是基础性的，也是促进其产业化、旅游化发展的基础。山地徒步的发展离不开群众基础，或者群众对山地徒步的价值认知和理解会影响人们参与其中的态度和行动。换言之，山地徒步的价值感知就成为探究促其发展的重要基础。这就要求我们对山地徒步的价值进行梳理。

3.3 山地徒步的价值梳理

山地徒步在具备体育与旅游双重属性的基础上，其价值和意义也是基于此进行梳理的。然而，对作为体育运动项目之一的山地徒步的健身价值和意义不做论述。同时，对作为旅游活动的山地徒步所展示出来的旅游意义和价值同样不做论述。而两者共同的价值则是关注的重点。实际上，山地徒步对社会资本的影响是不能够分离出体育与旅游的属性而进行单独探讨的。基于此，山地徒步是否能够促进参与者的个体社会资本，就成为价值梳理的重要的内容。对于集体社会资本的影响情况，鉴于研究水平和兴趣所限，将不做分析。需要强调的是，社会资本从概念上强调人际的互动与资源调用。但是从山地徒步的参与形式来讲，独自上山并不意味着人际互动的缺失，前文已做简要论述，有一点需要再次强调，独自上山不仅仅是因为山川风光的吸引或摆脱工作生活中的压力，是不是存在一种更深层次上的选择呢？即山地徒步有没有文化意义上的继承和发展呢？因山地徒步而使得山地线路中所蕴含的历史文化资源得以赓续，"读万卷书、行万里路"成为山地线路之注解。这实际上与费孝通先生所言的"文化自觉"有很多的相似之义。山地徒步，"各美其美，美人之美，美美与共"。那么，山地徒步何以美美与共？在理论逻辑分析上，山地徒步通过人际互动可以强化个体的社会网络，并且借助网络利用各种信息资源的可能也并不能够否认。其一，山地徒步促进社会网络结构的拓展不仅在于参与者的人次、基数上的扩大，还在于对山地路线上相关信息的积累和贡献，也会为社会网络的拓展提供可能。社会网络的跨越历史之建构是不是同样可以为网络成员提供重要的信息或者精神力量呢？毫无疑问，"读史使人明智""读万卷书，行万里路"等名言警句无不佐证了社会网络的跨历史性。其二，山地徒步线路上所蕴含的历史文化资源、遗产等信息同样能够为参与者提供重要的参考和学习材料，尤其民族性的文化资源，为参与者的文化自信与文化自觉提供的资源显然是具有积极意义的。需要强调的是，文化自觉是一个艰巨的过程，只有在认识自己的文化、理解所接触到的多种文化的基础上，才有条件在这个正在形成中的多元文化的世界里确立自己的位置，然后经过自主的适应，和其他文化一起取长补短，共同建立一个有共同认可的基本需要和一套各种文化都能和平共处、各抒所长、联手发展的共处守则。基于此，本研究通过实证方法，探究山地徒步对社会资本的影响情况。

3.4　秦岭山地徒步线路介绍

国内无与伦比的山地资源，几乎使得各个省份都具有特色鲜明的徒步路线。特别是西部地区的高海拔线路，为世界所瞩目。限于笔者的水平和兴趣以及关注视角，仅对秦岭陕西段相关山地徒步的线路进行简要陈述。

3.4.1 秦岭简介

秦岭和合南北、泽被天下，是我国的中央水塔，是中华民族的祖脉和中华文化的重要象征。秦岭西起甘肃临洮，中贯陕西省南部，东抵河南鲁山，东西长约

1600 千米，南北宽约 300 千米，主峰太白山海拔 3771.2 米。秦岭陕西段东西长约 500 千米，南北宽约 200 千米，平均海拔 1500 米以上。名山林立，山地资源丰富。例如终南山，又名太乙山、地肺山、中南山、周南山，简称南山，位于陕西省境内秦岭山脉中段，古城长安（西安）之南，是"寿比南山""终南捷径"等典故的诞生地，是中国重要的地理标志。东西长约 230 千米，最宽处 55 千米，最窄处 15 千米，总面积约 4851 平方千米。终南山是国家 AAAA 级旅游景区、国家森林公园、国家自然保护区。2009 年 8 月 23 日，联合国教科文组织正式将秦岭终南山入选为世界地质公园。华山，古称"西岳"，雅称"太华山"，为五岳之一，位于陕西省渭南市华阴市，在省会西安以东 120 千米处。南接秦岭山脉，北瞰黄渭，自古以来就有"奇险天下第一山"的说法。中华之"华"源于华山，由此，华山有了"华夏之根"之称。1982 年，华山被国务院颁布为首批国家级风景名胜区。2004 年，华山被评为中华十大名山。2011 年，华山被国家旅游局评为国家 AAAAA 级旅游景区。太白山，位于秦岭山脉，如鹤立鸡群之势冠列秦岭群峰。自古以来，太白山就以高、寒、险、奇、富饶、神秘的特点闻名于世、称雄华夏。最高峰拔仙台 3771.2 米，秦岭主峰，中国大陆东部最高峰，名山之一。夏、商称悖物山，周称太乙山，《史记》中称岳山，魏晋始称太白山。太白山是黄河水系和长江水系分水岭的最高地段，具有低山、中山、高山等地貌类型，界限清楚、特点各异，特别是第四纪冰川活动所雕琢的各种地貌形态保留完整、清晰可辨。翠华山，位于陕西省西安市长安区太乙宫镇，位于秦岭北麓，距西安市区 20 千米，主峰终南山海拔 2604 米，总面积 32 平方千米。因汉武帝曾在这里祭祀过太乙神，故又名太乙山。山腰有翠华庙，内供翠华姑娘塑像。民间传说翠华姑娘为争取自由婚姻，逃奔这里，后来成仙而去，此山便得名翠华山。2002 年，翠华山所在景区被国家旅游局评为 AAAA 级旅游景区；2009 年，翠华山所在景区被联合国教科文组织评为"秦岭终南山世界地质公园"。秦岭北麓峪口众多，素有秦岭"72峪"之称。峪道内峰峦叠嶂，鸟鸣山涧，名胜古迹众多，文化积淀深厚，是秦岭山水、人文精华之所在。秦岭北麓千沟万壑，当然不止 72 峪。古人常常用 72 来形容多，就好像我们熟知的"孙悟空 72 变""工农兵学商 72 行"等，72 峪也不过是为了形容峪口的众多，如果查看地图或者沿山边细数起来，会发现秦岭北坡远远不止这 72 峪。大山峪口为山地徒步的开展提供了良好的地理资源和优势，现将部分山地徒步线路整理如下。

3.4.2 秦岭国家森林步道线路

国家森林步道是指穿越重要山脉和森林区域、具有不同的自然风光和历史文化特征、长度超过 500 千米、主要供人们以徒步形式深入体验大自然的带状休闲空间。秦岭国家森林步道为东西走向，线路全长 2202 千米，其中，河南段 414千米，陕西段 1268 千米，甘肃段 520 千米。沿线有河南白云山、龙峪湾、玉皇山，陕西金丝大峡谷、天竺山、木王、鬼谷岭、通天河，甘肃麦积山、冶力关、渭河源、松鸣岩国家森林公园等森林旅游地；有汤峪镇、华阳古镇、周至老县城等古镇古城，以及南召丹霞寺、老君山铁顶老君庙、麦积山石窟等历史文化遗迹。步道串联了众多历史古道，包括峪谷道、古陈仓道、古褒斜道、古傥骆道、古子午道、古义谷道、古武关道等。步道全线森林占比 80%，地带性植被为暖温带落叶阔叶林。主要路段由土路、古道组成。国家森林步道是自然精华聚集地，穿越众多名山大川和典型森林，形成了最具中国特色的森林美景集群，并在自然教育、自然休憩、文化传承、改善民生等方面发挥着积极作用。据统计，我国的户外运动爱好者已超过 1.3 亿人，每年长距离徒步穿越森林的人群在 2000 万人以上。国家森林步道为山地徒步的开展提供了良好的客观基础，是全民健身发展的重要建设内容，搭建了城市通向自然的桥梁，也为人们能够主动健康地投身自然、建立体育生活方式、提升生活质量提供基础。实际上，国家健身步道的建设与发展，不仅体现了国家对人民健康生活的重视与关注，也体现了新时代重要的发展理念——"两山理念"。

2021年是中国共产党建党100周年，也是第十四届全运会在陕西举办的一年。为了迎接党的生日，助力"十四运"，朱雀国家森林公园利用景区文化资源，于4月18日举办"挑战秦岭之巅，筑梦全运盛会"—西安·秦岭全民登山挑战赛。赛事充分利用朱雀景区得天独厚的自然资源，让登山爱好者尽享山水美景，品味登高乐趣，决战秦岭之巅，在运动中感受旅游的乐趣，在旅游中感受到体育的畅快，展现新时代西安人健康向上的精神面貌和对美好生活的向往与追求，共庆党的生日，为"十四运"加油。登山挑战赛线路为：服务区—文昌坪—挂天飞瀑—畅远台—冰晶顶，游客在登山挑战的同时可以一路领略飞瀑美景、高山松林、石海云天等秦岭胜景。来自省内外数千名户外登山爱好者齐聚朱雀国家公园，向上而行，攀登秦岭第一高峰—终南山！

综上，秦岭地区山地资源丰富，能够开展山地徒步的环境优势和区位优势突出，是人们接近自然、认识自然的绝佳地区。例如，终南山、太白山、牛背梁、冰晶顶、关山草原线路各具特色，吸引着人们参与其中。另外，秦岭地区历史文化资源丰富，是人们感受历史、领略传统文化的重要宝库。随着人们对美好生活的不断追求，全民健身的深入发展，秦岭地区的山地徒步必将迎来重要的发展机遇。

第4章　不同项目参与生成社会资本的差异分析

4.1　太极拳、广场舞与山地徒步

鉴于运动项目的发展规模和参与情况，以及调查对象的便捷性与较大的群体基数，选择太极拳与广场舞两个项目与山地徒步进行比较，旨在明确运动项目的不同对社会资本生成情况的差异。同时，它们之间的共性是不能忽视的。首先，在参与形式上，均可个人参与，但是以集体参与居多。尤其广场舞的开展，在不同城市甚至出现了扰民的情况。实际上，2015 年文化部同体育总局、民政部、住房和城乡建设部联合印发了《关于引导广场舞活动健康开展的通知》，积极促进和规范了广场舞健身活动的开展。但是，广场舞健身活动依然存在场地不足、噪声扰民、管理服务不到位等突出问题，个别地方甚至有健身群众抢占活动场地的冲突发生，成为社会舆论关注的焦点。2017 年，国家体育总局又发布《关于进一步规范广场舞健身活动的通知》，明确提到"不得因广场舞健身活动产生噪声影响周边学生上课和居民正常生活"。可是有规定无罚则，其威慑力也就有限；而且仅仅是体育总局的通知，在现实场景中也难以形成有效的执法合力。自2022 年 6 月 5 日起，《中华人民共和国噪声污染防治法》实施，其中规定噪声污染是指超过噪声排放标准或者未依法采取防控措施产生噪声，并干扰他人正常生活、工作和学习的现象。同时规定在公共场所组织或者开展活动，要遵守公共场所管理者有关活动区域、时段、音量等规定，采取有效措施，防止噪声污染。同时，要求公共场所管理者要规定娱乐、健身等活动的区域、时段、音量，采取设置噪声自动监测和显示设施等措施来加强监督管理。可见，广场舞这一运动项目带来的影响是广泛的，同时也是深刻的。需要进一步强调的是，广场舞项目的发展具有强大的群众基础，几乎受到各地居民的欢迎。另外，运动项目的发展壮大了参与群体的各类组织，参与群体的组织化又促进了项目的开展。运动信息的传播不仅为参与者提供了具有相当价值的选择，同时项目的开展也为参与者提供了重要的信息。尤其太极拳的各类比赛，不仅为参与者提供了交流切磋"武技"的平台，也为参与者提供了归属性的集体行动。尤其在 1998 年 10 月 15 日，来自海内外的近万名太极拳爱好者汇聚于天安门广场，举行规模空前的太极拳表演，以纪念邓小平题词"太极拳好"20 周年和中国武术协会成立 40 周年。此次超大规模太极拳表演拉开了万人太极拳展演的序幕。需要强调的是，1978 年 11 月 16 日，中共中央副主席、国务院总理邓小平在接见日本太极拳友人三宅正一时，挥毫写下了"太极拳好"的题词，为太极拳的蓬勃发展开辟了广阔道路。邓小平的题词给太极拳带来了新的生机，标志着我国的传统武术在历经十年浩劫的停滞不前之后，经过风雨的洗礼，进入了蓬勃发展的阶段。此后，随着全民健身的发展，太极拳表演几乎成为各地全民健身节日的"规定动作"。万人太极拳表演在全国各地的规模性开展不仅说明太极拳运动的广泛性和群众基础，而且大规模的表演实际上也为参与者提供了归属性的集体组织。尤其大规模的参与者不仅在动作规范性方面需要投入较多的时间和精力，也为参与者互动提供了平台，增加了参与者之间的信任和互惠。最后，参与者的集聚性不仅营造了环境的体育氛围，也为相关的研究调查提供了方便。事实上，城市公园中的广场或空地上的体育活动不仅反映了城市发展的活力，也是人民群众美好生活的体现。除了上述共性之外，还有明显的差异值得注意。山地徒步前文已做陈述，故仅对太极拳和广场舞进行简要陈述。

4.1.1 太极拳：体育运动中的文化遗产

太极拳是以传统道家哲学中的太极、阴阳辩证理念为核心思想，集颐养性情、强身健体、技击对抗等多种功能于一体，结合易学的阴阳五行之变化、中医经络学说、古代的导引吐纳形成的一种内外兼修、柔和轻灵、刚柔并济的传统运动形式。传统太极拳流派众多，常见的有陈氏、杨氏、武氏、吴氏、孙氏等，各派既有传承关系，相互借鉴，也各有自己的特点，呈百花齐放之态。由于太极拳是近代形成的拳种，流派众多，群众基础广泛，因此是中国武术拳种中非常具有生命力的一支[1]。2020年12月，联合国教科文组织保护非物质文化遗产政府间委员会第15届常会将"太极拳"项目列入联合国教科文组织人类非物质文化遗产代表作名录。太极拳以其特殊的锻炼特点吸引着众多的参与者，从其价值方面来讲，其特点亦是突出。第一，项目开展方便，普适性强。太极拳运动的开展几乎不受场地环境的影响，而且项目的开展还能够增加环境的文化氛围。普适性强的表现不仅能够适应各个年龄段的需要，而且无论是健身，还是技击，均能够满足参与者的需求。第二，太极拳融合了古典哲学、医学、武学等内容，这些内容赋予了太极拳的文化内涵与价值，这种价值特点是普通体育项目所不能比拟的。第三，太极拳开展可休闲、可养生，安全方便。练习者可以根据自身的体质状况选择动作架势的高低。一般而言，年轻体壮者，多以低架式为主，运动量大、强度大；年龄长者多以高架式为主，运动适中，避免肌肉的疲劳与损伤。可以说太极拳的运动强度是根据练习者所采用的架势高低判断

---

[1] 郑福臻，杨彩虹．中国太极拳发源地：河南温县[M]．郑州：大象出版社，2009：16.

的，这就意味着，单纯地将太极拳看作一种"体操"式锻炼方式是错误的。同时，太极拳的练习过程中没有身体素质上的变化也是存在疑问的，缺失太极拳价值体现的运动方式是不是仍然可以划归到太极拳运动之中呢？答案很显然是否定的。一言以蔽之，缺少太极拳运动特点的锻炼不能够算是太极拳运动，只具其形，却无其神是也。第四，太极拳的传承秩序和规范为练习者提供了良好的社会角色适应场景。传统武术历来重视武德的培养，加上特殊的传承规范和练习方式，往往会使参与者在练习太极拳的过程中培养出一种特殊的"气质"，主要表现为对传统文化的认可和践行。这种承载文化意义的习教模式不仅为练习者提供了良好的社会规范场所，也为练习者与历代传承人、继承人之间的沟通建立了连接。文化传承的跨时空性在太极拳的练习过程中实际上为参与者提供了更加广泛的社会网络、文化网络、武术网路和人际网络。网络连接中的参与行为不仅成为练习者的社会适应内容，也为参与者的社会资本积累提供了基础和平台。尤其建立在竞技交流意义上的练习与切磋，为参与者提供了展示个人武技的机会，同时也为他人提供了练习模板或者改进动作的参考，这也是对文化遗产的重要解读。总之，极富文化内涵的太极拳运动一旦形成集体性活动，往往会超越体育运动自身的价值和意义，承载起更多的文化传承和社会规范建立等方面的作用和价值。基于这种理念，太极拳运动的有效参与是能够为参与者积累社会资本的。另外，需要强调的是，太极拳不仅深受我们人民群众的喜爱，而且在全世界范围内练习太极拳者也是大有人在。据不完全统计，当今全国从事太极拳练习的人口超过5000万，目前有150多个国家和地区开展太极拳运动。世界上练习太极拳的人数超过1.5亿人。或可预见，太极拳将为人类命运共同体的发展贡献力量。

4.1.2 广场舞：人民群众对生活的热爱

广场舞是深受广大群众喜爱的文化体育活动，包括排舞、有氧健身操、搏击操、啦啦操、健身腰鼓、健身秧歌等多种形式，近年来在全国蓬勃开展，在丰富城乡基层群众精神文化生活、推动全民健身运动广泛开展、展示群众良好精神风貌等方面发挥了积极作用。广场舞是舞蹈艺术中最庞大的系统，因多在广场聚集而得名，融自娱性与表演性为一体，以集体舞为主要表演形式，以健身为主要目的。虽然广场舞的发展因场地、环境等问题引发过不同程度的社会问题，例如噪声扰民、篮球少年场地之争等，但是广场舞带给人们的价值和意义是不能否定的。除了一般生理学意义上的价值和意义之外，广场舞就参与者而言的社会学意义也是不能够忽视的。首先，参与者的集体性和自发性为建立有效的社会网络奠定了基础，彼此之间的信任和互惠随着项目参与的深入而加深。广场舞的热闹、火热场面带来了节日氛围和喜庆色彩，这种正向积极的庆祝式欢快的舞蹈，对参与者的情绪引导明显具有正向的积极意义。庞大的参与群体不仅削减了动作技术差异带来的个体性不足或者参与者的心理障碍，同时也为参与者的社交需求提供了广阔的平台。在休闲性较强、竞技性不足的参与氛围中，广场舞无疑为参与者提供了良好的社会网络。实际上，相当一部分参与者并不以健身为主，而是将能够与志趣相合的舞者一起活动作为主要动机，尤其是中老年群体因缺少陪伴，往往选择广场舞以满足社交需求。其次，基于平时练习水平的竞技或表演，为参与者提供了更深层次的交流和沟通渠道，尤其面对竞技性活动，对于参与者集体内部的团结无疑具有积极意义。或者使得平时较为松散的队伍和群体变得更加团结，其中凝聚他们的重要因素就是竞技；或者因竞技而产生信任且有增进信任的沟通和交流，尤其超于动作技术的内容互动，往往对参与者之间的深度交流具有积极意义。从某种意义上讲，"友谊第一、比赛第二"的体育精神会在集体内部明显地展示出来。最后，广场舞几乎适合各个年龄段的人群参与。调查显示，参与广场舞的人群以中年人士居多。原因是 30 ～ 50 岁的人基本都有稳定工作或是居家的妇女，她们的空闲时间较为固定和集中，闲暇时会选择一定的休闲方式充实自己的生活。其中 30 岁以下的人占 99.7%，30 ～ 50 岁的占53.3%，50 岁以上的占 23.2%。可见，广场舞的开展在年龄上几乎是少有拒绝人群的。

综上所述，太极拳、广场舞和山地徒步既有其共性，也存在明显的个性。太极拳具有明显的文化传承性和历史意蕴，广场舞则具有明显的庆祝特色和社交价值，山地徒步在休闲性上突出，而且与旅游融合深切。它们对于参与者社会资本的生成或积累是不是具有同样的作用呢？这是值得关注的问题。

4.2　运动项目的差异是否可以淡化

社会资本以其丰富的概念和内涵为推动体育参与的深入研究提供了更为广阔的解释空间，为探寻体育发展规律贡献了社会学范畴的重要理论支撑。越来越多的学者试图通过社会资本视角解答我国体育发展中的诸多问题—包括对社会资本相关理论的本土化改造和创新 [1]，现已成为学界应用社会学理论知识框架解析我国体育现象的基本共识。无论是从西方理论的解读和引述，还是从立足本土结合实际的创新与实证，都为社会资本与体育参与的相关研究贡献了重要的学术成果和具有实践性、可操作性的方法内容 [2]。从早期通过引入社会资本理

[1]　缪晓雷，边燕杰. 防疫社会资本、体育锻炼与身心健康 [J]. 上海体育学院学报，2020，44（12）：1–12.

[2]　黄谦，张晓丽，葛小雨. 体育参与促进社会资本生成的路径和方式：基于 2014 年《中国家庭追踪调查》数据的实证分析 [J]. 中国体育科技，2019，55（7）：63–70.

论，探究体育参与促进其生成的策略和对策[1]，到现在应用实证方法论证体育参与生成社会资本的研究[2]，都证实了社会资本有助于体育参与的深度，同时体育参与也能够促进社会资本的生成[3]。然而，体育参与作为层次性较强、差异性较大的内涵丰富的概念，其动态性、易变性、复合性使得人们通过体育参与积累社会资本具有不确定性和非线性的特征。尤其不同体育项目之间是不是存在社会资本生成上的差异呢？有学者也指出：体育参与的时长、体育参与的场所、体育参与的项目等体育参与指标的增设将进一步丰富体育参与生成社会资本的机制[4]。很显然，体育参与作为复合性、多层次性的观测变量需要庞大的系统支撑。

自从帕特南通过保龄球运动的参与情况论证了美国公民的社会资本在下降，体育与社会资本的研究序幕便缓缓地拉开了。体育运动具有培育生成社会资本的功能[5]已成为当前研究之共识。聚焦国内研究成果，可谓百花齐放：从早期对社会资本理论性的思辨、阐述和探究，到现在的实证研究，表明了研究的深度在不断加大。从整体性的社区体育[6]、学校体育[7]促进社会资本的研究，到具体体

[1] 周结友，裴立新.社会资本：全民健身运动功能的一个研究视角 [J].体育科学，2008，28（5）：18–23.

[2] 田恩庆，仇军，方震平，等.“5·12”灾后重建中体育参与对个体社会资本和身体健康的影响 [J].成都体育学院学报，2014，40（11）：43–49.

[3] 仇军，杨涛.体育与社会资本研究述评 [J].体育学刊，2012，19（5）：14–21.

[4] 黄谦，张晓丽，葛小雨.体育参与促进社会资本生成的路径和方式：基于 2014 年《中国家庭追踪调查》数据的实证分析 [J].中国体育科技，2019，55（7）：63–70.

[5] 周结友，裴立新.国外体育运动与社会资本研究：缘起、成果与启示 [J].体育科学，2014，34（7）：73–82+96.

[6] 朱杰.社区体育与和谐社区构建：社区社会资本的视角——基于江西省的调查 [D].南昌：江西师范大学，2013.

[7] 蔡东山.体育运动与大学生社会资本累积 [J].福建师大福清分校学报，2007，88（5）：86–89.

育项目（足球[1]、篮球[2]、网球[3]等）对社会资本生成的研究，都表现了研究对象的细致化和具体化。从社会资本理论的援用到结合我国实际情况，表达了本土化研究的特征，搭建了社会资本研究的中国体育话语体系，体现了目前研究的深度。然而，体育参与作为多层次性、多目的性、多要素性的复合活动行为，全面、系统地解析体育参与生成社会资本的完整机制，其难度之大，是不言而喻的。目前，有学者实证了中频率锻炼人群获取的社会资本最多[4]，而体育参与的时长、强度、场所等要素对社会资本的影响尚需进一步探究。在涉及具体体育项目的研究中，例如足球、篮球、网球，多是理论论证，缺少实证数据；有关网球的研究主要是针对网球俱乐部会员展开的调查，缺少了对非会员参与者的关照，同时也是对社会资本负面影响的忽视。体育参与在促进社会资本的生成时，也存在一定的负向影响。成年人体育参与有着高度的排他性特征，社会不同阶层的体育参与方式及运动强度也有着明显的界限[5]。另外，在整体性的体育参与研究中，并未交代具体参与项目，抑或体育项目的差异未作交代。事实上，体育参与会因项目的不同产生大小很多方面和层次上的不同影响，且不说电子竞技与足球运动对参与者的影响之大小，单就足球运动而言，单独练习与集体赛事对于参与者的影响大小也是显而易见的。更何况不同的体育项目背后也包含着能够调度的不同的社会资源、能够触及的不同的社会阶层参与者、能够实现的不同程度的社会范围和规模上的影响。故在体育与社会资本的研究中，体育项目本身更加值得关注。

[1] 张剑利，王章明，徐金尧. 资本拥有与草根体育参与 [J]. 体育与科学，2008，29（4）：10–13.

[2] 李洪君. 从社会资本的视角看村庄生活中的休闲体育 [J]. 武汉体育学院学报，2009，43（7）：29–32.

[3] 李冰星. 网球俱乐部会员社会资本特征研究：以郑州为实证地 [D]. 开封：河南大学，2011.

[4] 张晓丽，雷鸣，黄谦. 体育锻炼能提升社会资本吗？——基于2014JSNET调查数据的实证分析 [J]. 上海体育学院学报，2019，43（3）：76–84.

[5] STEMPEL C. Adult participation sports as cultural capital[J].Int Rev Soc Sport，2005，40（1）：411–432.

事实上如上文所述，体育运动项目的项目特征在对社会资本的影响中是不能被忽视的。同样，运动项目开展所依赖的环境特征对社会资本的影响是不是可以忽视呢？假如运动项目的环境影响不重要或者可以忽略，那么山地徒步的线路差异就可以忽略，而实际上山地徒步的线路差异很大程度上就是由山地环境的不同决定的。同样，太极拳和广场舞的环境影响也是不能忽视的。显然，不同运动项目的环境情况对于参与者的影响是要充分考虑的，尤其在不同的社会环境和网络中参与不同体育运动项目对社会资本的影响。

4.3　运动项目间生成社会资本的实证

4.3.1 研究设计

社会资本作为社会学概念肇始于的法国学者皮埃尔·布迪厄，其《社会资本随笔》中将社会资本界定为实际的或潜在资源的集合，这些资源与由相互默认或承认的关系所组成的持久网络有关，而且这些关系或多或少是制度化的 [1]。在美国学者罗伯特·帕特南著作《使民主运转起来：现代意大利的公民传统》中强调了社会资本的构成要素为社会网络、信任和互惠 [2]，随后通过独自打保龄球的事例，描述了社会关系网络的建立影响社会资本积累的核心思想 [3]。在社会资本理论的发展过程中，除布迪厄的资源说、普特南的组织说，还存在美国学者科尔曼的结构说，他认为：社会资本是社会结构的某些方面，而且有利于处于同一结构

[1] 缪晓雷，边燕杰.防疫社会资本、体育锻炼与身心健康 [J].上海体育学院学报，2020，44（12）：1–12.

[2] 罗伯特·帕特南.使民主运转起来 [M].王列，赖海榕，译.南昌：江西人民出版社，2001：108.

[3] Putnam R.D.Bowling alone：America's declining social capital[J].Journal of Democracy，1995，6（1）：65–78.

中的个人的某些行动；和其他形式的资本一样，就社会资本也是生产性的，使某些目的的实现成为可能，在缺少它的时候，这些目的不会实现 [1]。虽然社会资本的定义较多，但是其基本含义是嵌入人际关系中的可动员的资源 [2]。因社会资本关注的层次和对象不同，其视角一般划分为两种：一种是关注个体行动者对社会资本的使用，另一种关注集体行动者（组织、社区或地区）对社会资本的使用 [3]。个体层面的分析关注个人为了在工具性行动中获得回报或在表达性行动中保持所得，个人如何获取或使用嵌入在社会网络中的资源 [4]；集体层面的分析关注集体与协会中的参与是如何加强集体目标的，例如参与民主、社会发展等 [5]。鉴于检验不同体育项目参与对社会资本生成的差异性，实际上就是测量微观上的个体社会资本，故本研究选用个体社会资本进行测量。

在测量个人拥有的社会资本时，通常选用网络规模（网络成员的多少）、网络成分（由哪些类型的成员构成）以及网络密度（网络成员之间联系的紧密程度）、个体在网络中所处位置以及网络中所嵌入的资源等测量指标 [6]。体育领域中，尽管有关"社会资本与体育"的研究在我国已有十几年的时间，但这些研究的主流仍是理论上的阐述和探讨，利用实证方法探讨这个主题的研究数量则相对较少 [7]。但是仍有不少成果在社会资本测量指标上给予良好的启示。例如，陈玉

[1] COLEMAN J S. Social capital in the creation of human capital[J].American Journal of Sociology，1988（94）：95–120.

[2] 林南.社会资本：关于社会结构与行动的理论 [M].张磊，译.上海：上海人民出版社，2005：18.

[3] Son J，Lin NAN．Social Capital and Civic Action：A Network–Based Approach[J]. Social Science Research，2008（37）：330–349.

[4] Lin NAN．Social Networks and Status Attainment[J].Annual Review of Sociology，1999（25）：467–487.

[5] PUTNAM R. D.The Prosperous Community： Social Capital and Public Life[J].The American Prospect，1993（13）：35–42.

[6] 边燕杰.城市居民社会资本的来源及作用：网络观点与调查发现 [J].中国社会科学，2004（3）：136–147.

[7] 黄谦，张晓丽.社会资本理论在我国体育研究中的现状、特点与展望 [J].上海体育学院学报，2018，42（3）：17–22.

军对职业足球运动员的社会资本测量应用了上述指标 [1]。黄谦在检验体育参与促进社会资本生成的研究中应用了人际相处、人缘等指标，并建议后续研究应用个人运动社会网络指标进行测量 [2]。个体社会资本一般通过测量被访者的个体中心网络来实现，主要测量个体在其社会网络中的连接关系，最常用的方法有提名法和定位法。定位法是使用社会中特征显著的结构位置（职业、权威、工作单位）作为指标，要求回答者指出每一位置上是否有交往者，并确定自我与每一位置上交往者的关系，研究的是等级制位置 [3]。提名法测得的网络多由亲密朋友、亲属、关系较强的他者组成，反映了"强关系"、强角色关系或受地理约束的关系；而定位法测得的网络由亲属、朋友、一般认识的人等组成，包括"强关系"和"弱关系" [4]。鉴于此，本节应用定位法，通过个人运动社会网络指标测量受试者的个体社会资本。

4.3.2 测量变量与数据收集

鉴于不同体育项目之间的差异以及项目的参与情况的差异性，本节选用的自变量是体育项目。测量题目为：①您参与的体育项目是什么（太极拳、广场舞、山地徒步三选一）？②在您所选体育项目中的休闲情况得分（0 到 10 进行标度）？③在您所选体育项目中的赛事情况得分（0 到 10 进行标度）？因变量是为个体社会资本，依前文所述，应用个体运动社会网络替代个体社会资本。设定两个指标进行测量。④是否参与相关体育项目的网络社群（微信、QQ 等社交

---

[1] 陈玉军，张廷安. 职业足球运动员的社会资本及其影响因素分析 [J]. 北京体育大学学报，2015，38（10）：30–36.

[2] 黄谦，张晓丽，葛小雨. 体育参与促进社会资本生成的路径和方式：基于 2014 年《中国家庭追踪调查》数据的实证分析 [J]. 中国体育科技，2019，55（7）：63–70.

[3] Lin N，DUMIN M．Access to occupations through social ties[J].Social Networks，1986，8（4）：365–385.

[4] Lin Nan．Social Capital：A Theory of Social structure and Action[M].Cambridge：Cambridge University Press，2001：94.

媒体的群活动）？⑤体育（太极拳、广场舞、山地徒步）网络社群参与程度的前后（前后时间间隔以实践参与情况为准）两次自我评估（0 到 10 进行标度，网评 1 表示网络建立前，网评 2 表示网络建立后）。网络自我评估主要反映个体应用网络获取相关信息资源的情况，或者依托网络参与体育活动的实际需求情况，是参与者能够为自身体育参与需求的直接反映。其中题目①为筛选项。考虑到调查之前体育参与对受试者的影响，有可能已经形成较为稳定的个体运动社会网络，在本次调查中体育参与对其并不产生显著影响。但是现实中，并不能排除在体育参与之前存在于受试者的个体运动网络对其的影响。因此，将运动前的个体运动社会网络设为协变量，体育参与之后的个体运动社会网络设为因变量。拟选用单因素协方差分析模型，检验不同体育项目对个体社会资本生成的影响作用是否存在差异。对于不同程度（休闲参与和赛事参与）的参与情况对个体社会资本生成的影响作用拟选用线性回归模型进行分析并表示出来。考虑到参与者的实际情况，不再设定社会地位、社会结构等控制变量，仅用性别这一个控制变量。

通过微信、QQ 等网络社交软件对太极拳（简称"太极 1"）、广场舞（简称"舞蹈 2"）、山地徒步（简称"徒步 3"）参与者进行调查收集相关数据。其中，对参加相关活动但未建立相应网络社群的调查对象进行剔除。实际上，未建立网络社群并不意味着社会资本视域下个体社会网络的缺失或衰减，但是鉴于数据分析的可操作性和有效性，只将选用网络社群的参与者认定为建立个体社会网络的参与者，故此，通过测试题④进行筛选并删除不符合数据统计的调查项。基于此，于 2020 年 5—9 月进行相关数据的收集和整理。共获得问卷 518 份，通过筛选符合统计要求的问卷 436 份。基本情况见表 4-1。

表 4-1　不同项目性别及参与情况得分均值表

项目	性别		休闲	赛事	网评 1	网评 2
	女	男				
太极 1	77	75	6.44	7.01	5.57	7.16
舞蹈 2	84	36	5.85	6.43	4.75	6.37
徒步 3	81	83	6.52	6.92	5.60	7.28

4.3.3 统计数据的分析与检验

4.3.3.1 平行性检验与方差齐性检验

通过不同项目参与情况中主体间效应检验分析网络自评前后的平行性检验情况，同时进行方差齐性检验。结果见表 4-2 与 4-3。

表 4-2　主体间效应检验

因变量：网评 2

源	Ⅲ 类平方和	自由度	均方	F	显著性
修正模型	2731.969a	5	546.394	703.549	0.000
截距	239.291	1	239.291	308.116	0.000
项目	0.328	2	0.164	0.211	0.810
网评 1	2605.852	1	2605.852	3355.356	0.000
项目 × 网评 1	0.110	2	0.055	0.071	0.932
误差	333.949	430	0.777		
总计	24346.000	436	—		
修正后总计	3065.917	435			

a. R 方 = 0.891（调整后 R 方 = 0.890）

如表 4-2 所示，运动项目与网评 1 的交互作用不显著，P=0.932 > 0.05，说明满足平行性检验。

表4-3 误差方差的菜文等同性检验 a

因变量：网评2

F	自由度1	自由度2	显著性
0.135	2	433	0.873

检验"各个组中的因变量误差方差相等"这一原假设。

a. 设计：截距＋项目＋网评1

如表4-3所示，方差齐性检验中，P=0.873＞0.05，说明方差齐性满足协方差分析条件。

4.3.3.2 协方差分析

实际的调查中，发现部分调查对象并不清楚个体社会网络前后的界限和个体社会网络建立之后对参与者的实际影响，故将个体社会网络前的自我评价情况作为协变量进行分析，观察运动项目对个体社会网络的影响。通过表4-4可知，运动项目对因变量网评2的影响并不显著（P=0.613）。

表4-4 主体间效应检验

因变量：网评2

源	Ⅲ类平方和	自由度	均方	F	显著性
修正模型	2731.859a	3	910.620	1177.601	0.000
截距	239.756	1	239.756	310.050	0.000
项目	0.757	2	0.379	0.490	0.613
网评1	2667.116	1	2667.116	3449.079	0.000
误差	334.058	432	0.773		
总计	24346.000	436			
修正后总计	3065.917	435			

a. R方 = 0.891（调整后R方 = 0.890）

考虑到可能是网评1的影响，将网评1划归到控制变量，即前测数据，将其剔除，不考虑协变量的影响情况后，运动项目对网评2的影响显著（P=0.01，见表4-5），说明不同项目对个体社会网络的影响差异显著，即不同运动项目对社会资本的生成存在差异。

表4-5 主体间效应检验

因变量：网评2

源	Ⅲ类平方和	自由度	均方	F	显著性
修正模型	64.743	2	32.371	4.670	0.010
截距	20602.253	1	20602.253	2972.428	0.000
项目	64.743	2	32.371	4.670	0.010
误差	3001.175	433	6.931		
总计	24346.000	436			
修正后总计	3065.917	435			
a. R方 = 0.021（调整后R方 = 0.017）					

4.3.3.3 不同项目间对个体社会网络的成对比较

通过均值判断项目之间的影响程度大小，通过表4-6可知，徒步和太极对个体社会资本的影响并无显著差异（P=0.679），但两者均大于舞蹈对个体社会资本的影响。太极与舞蹈项目对个体社会资本促成的影响差异显著（P=0.014），徒步与舞蹈对个体社会资本促成的影响差异同样显著（P=0.004）。

表4-6 成对比较

因变量：网评2

（I）项目	（J）项目	平均值差值（I-J）	标准误差	显著性b	差值的95%置信区间b 下限	上限
1	2	0.0791*	0.321	0.014	0.159	1.423
	3	-0.123	0.296	0.679	-0.705	0.460
2	1	-0.791*	0.321	0.014	-1.423	-0.159
	3	-0.914*	0.316	0.004	-1.535	-0.292
3	1	0.123	0.296	0.679	-0.460	0.705
	2	0.914*	0.316	0.004	0.292	1.535
基于估算边际平均值						
*. 平均值差值的显著性水平为0.05。						
b. 多重比较调节：最低显著差异法（相当于不进行调整）。						

4.3.3.4 不同目的对个体社会网络的回归分析

通过自变量为休闲参与（后称"休闲"）和赛事参与（后称"赛事"）与因变量"网评2"进行线性回归分析，休闲与赛事的解释因变量方差的32%（见表4-7），达到回归分析要求。

表 4-7　模型摘要

模型	R	R 方	调整后 R 方	标准估算的错误	更改统计				
					R 方变化量	F 变化量	自由度 1	自由度 2	显著性 F 变化量
1	0.568a	0.323	0.320	2.190	0.323	103.144	2	433	0.000
a. 预测变量：（常量），休闲，赛事									

通过方差分析，自变量与因变量存在显著的线性关系（P=0.000 < 0.05，见表 4-8），因此，回归分析具有统计学意义。由回归分析的结果（表 4-9）可知，休闲参与对个体社会资本的生成具有显著作用。赛事参与对个体社会资本的生成并不具有显著影响。参与深度加大对个体社会资本的影响反而不显著，研究假设 2 不成立。

表 4-8　ANOVAa

模型		平方和	自由度	均方	F	显著性
1	回归	989.321	2	494.660	103.144	0.000
	残差	2076.597	433	4.796		
	总计	3065.917	435			
a. 因变量：体网（后）						
b. 预测变量：（常量），休闲，赛事						

表 4-9　系数 a

模型 B		未标准化系数		标准化系数	t	显著性	共线性统计	
		标准错误	Beta			容差		VIF
1	（常量）	2.704	0.387		6.987	0.000		
	休闲	0.758	0.065	0.602	11.736	0.000	0.595	1.682
	赛事	-0.073	0.067	-0.056	-1.088	0.277	0.595	1.682
a. 因变量：网评 2								

4.4　不同运动项目参与对社会资本生成的分析

4.4.1 不同体育项目参与对个体社会资本的生成具有显著差异

根据实证研究结果可以得出：在控制其他影响因素外，不同体育项目生成的社会资本存在差异。在调查的三类项目中舞蹈弱于太极和徒步。通过比较，或是舞蹈有别于其他两者的项目的特征所致。首先，舞蹈参与中存在一组较为重要的数据，就是男女生的人数比例并不是 1：1。也就是说，在实际的参与中有部分女士需要完成男士动作的要求和练习任务。这种角色上的"扮演"或许是削弱后期网络交流互动的原因。在对多个广场舞场地的调查中，基本上女士人数要比男士人数多一半。可见，舞蹈项目中舞伴的重要性是不能忽视的。事实上，性别比例不协调，并不是导致舞伴角色问题的主要原因。在现实的参与中，可以通过练习方法上的选择和安排，使舞伴搭配上呈现一种"流动性"，也就是说在舞蹈参与中随着内容和要求的变化，每一个人并不一定存在固定的舞伴。这种流动性反而是增大接触面的良好途径和手段。其次，舞蹈中的情感因素，尤其对于男女身体接触的运动项目可能存在一种敏感，其本应该受到欢迎和喜爱。然而，或许是参与者在参与过程中并不能够很好地表达自己的想法和情感，不能控制参与状态。诚然，舞蹈中的音乐对于缓解紧张和消除敏感的作用是不能够忽视的，舞蹈的练习内容主要采用喜庆音乐或者伴奏。也许是由于项目练习缺少空间上的供给致使交流不足。为了进一步验证实证的结果，后续研究应注重更大群体的舞蹈参与情况对个体社会资本的影响。

太极和徒步相比较，对个体社会资本的生成虽没有显著的差异，但是两者均存在不同类型的难度要求。太极拳以二十四式太极拳和三十二式太极剑为主，难度在于动作变化多样，要求协调；山地徒步要求良好的体能和基本的野外适应能力，更加突出力量和胆量，而相当一部分参与者仅仅是对休闲自身的需求。这在难度适中、追求进步的基础上促使了参与者之间的交流和互动。尤其太极剑的练习，难度较大，练习者的相互交流与沟通的学习效果优于个人练习；徒步出于组织者的安全保障义务，必然凸显对安全的要求和保障措施，这为参与者的责任心和担当行为提供了良好的契机。类似于拓展内容对促进参与者的团结和信任是不言而喻的，这无疑也会增强网络交流的稳定性和持久性。山地徒步运动不仅可以增进人们的信息分享和交流互动，还能够增强人们的交往能力，尤其在源于团结与信任的群体中，交流互动的深度和广度本身也是交往能力的体现。山地徒步运动中的互动和交流是其他项目无法比拟的。另外，太极拳作为世界非物质文化遗产，对于参与者而言，自然能够增强其信心和自豪感，这其中也包含着民族文化上的传承和自信。文化内涵的强烈呈现和体验显然为参与者之间的交流和互动提供了更多的内容和机会。实际上，太极拳作为优秀非物质文化遗产，具有较高的普及程度，对大部分参与者而言并不是新项目，而且相当一部分参与者具有良好的练习基础。这种先前的基础条件使得这部分参与者产生参与上的自信以及切磋技术动作的主动和热情，因此获得的尊严自然能够促进参与者的交流深度和广度。再者，太极剑的练习使得参与者在获得技能与体能的同时，也深深地感受到了动作着法的韵律美和动作命名上的诗词美。太极剑独有的节奏和韵律对于绝大多数人群的参与表现出了高度的友好性。无论年少与年长均能参与其中，更是几乎不受身体素质的限制，这使得太极剑在韵律节奏上能够提供较大的参与空间。至于诗词美，主要表现在太极剑的动作命名上。例如，"弓步直刺"和"虚步截剑"在传统命名上又叫"青龙出水"和"神龙摆尾"；再如，"三环套月""宿鸟投林"等等。显然传统命名更能够为参与者提供较大的诗词想象空间和美学建构。这对于增强参与者的网络交流互动是不言而喻的。

综上所述，在相关变量控制的情况下，太极和徒步显著强于舞蹈促成个体社会资本的生成。虽然三者同是普通开展的体育项目，但是又各具特色，或是造成差异的原因。可见，在积累个体社会资本的体育参与中，比较注重项目的特色，尤其是适当的难度和强烈的文化内涵。

4.4.2 以休闲为主的参与对个体社会资本生成具有显著影响

休闲参与和赛事活动不同目的的参与情况，源于以赛事活动为主的参与者在各方面的要求要高于休闲参与，而且赛事活动的结果会给参与者带来直接的荣誉感或挫败感。因此，两类的划分不仅能够区分参与者的目的，还能够区分参与者的深度。实证结果表明：休闲参与对于个体社会资本的生成具有显著的影响，赛事参与对个体社会资本的生成不具有显著影响。这意味着以休闲为主的活动形式能够为参与者提供良好的沟通平台和契机，进而建立较好的运动网络。而且以休闲为主的活动形式有助于为参与者提供多元化的参与体验，不仅仅是胜和败。这种多元化的体验为后期网络中的交流和互动提供了基础。所谓多元化的体验，是指因为缺少竞技性而带给参与者的学习、分享、进步、成长等方面的体验。这些体验共同助力休闲为主的参与，为其提供平等的对话平台和激励式的协助方式。事实上，以休闲为主的参与中始终伴随着新动作的学习，这种新动作包含着赛事之前的所有未体验到的、未领会到的技术和节奏上的要求等，直至达到良好的赛事状态之前的所有收获都在是休闲中获得积累。这就说明，以休闲为主的参与过程呈现了较强的开放性。因此，对于每一位参与者而言，这种开放性不仅扩大了交流互动的空间，交流互动也反哺了动作技术的成熟和进步。需要强调的是，以休闲为主的活动对于参与者而言是轻松的，是容易建立彼此沟通桥梁的。

然而，以赛事为主的活动主要来源于项目的竞技性比赛，竞争不仅明显存在于参与组织之中，而且组织内部也存在一种隐性的竞争。或是由于这种竞争使得参与其中的个体变得保守，或者封闭了某些分享信息交流的动机和渠道，致使网络互动削弱，甚至出现无益于个体社会资本生成的情况。竞争的背后或是存在某种天赋资源（体能较好、协调性强、以前学过等）的占有，为了成绩或荣誉的获得，这种资源便产生了排他性。这会使得参与过程产生封闭性，条件好的学生越练越好，条件差的学生却很难获得进步。这与张晓丽提到体育锻炼在提升社会资本时存在的"马太效应"[1]并无二致。从赛事活动的效益视角而言，适当调整赛事方法和手段就成为必要的措施，而不是在事先预定好的赛事计划中坚定执行某种方法和任务。竞争增强了整个参与过程中种种的不确定性，预定的应对方式显然并不利于这种不确定性。因此，或许不是赛事的竞技性削弱了个体运动社会网络的促成。参与过程中的组织、管理因素或许存在更加合理的解释。另外，赛事活动对个体社会资本的生成未产生显著的影响，或是调查群体的特征所致。参与者普遍重视结果的输赢、轻视技能的体育态度或是加重了网络中交流与互动的衰减。事实上，源自认知差异而产生的多属性参与过程往往在融合不同参与者的过程中，也使得自身更为复杂。尤其体育参与是不能忽视参与者的资源背景和阶层差异的。因此，竞技性未对个体社会资本积累产生显著影响，或许这种情况仅存在于学生群体中，后续研究会扩大群体范围以验证竞技性参与对个体社会资本的影响将会扩展新的探索空间。需要强调的是，休闲参与向赛事竞技转化具有一定

[1] 张晓丽，雷鸣，黄谦．体育锻炼能提升社会资本吗？——基于2014JSNET调查数据的实证分析[J]．上海体育学院学报，2019，43（3）：76–84.

的难度，但是以赛事为主的参与却可以非常轻松地转化为休闲参与。休闲参与虽然难以转化为赛事活动，但是并非没有竞技要素。毕竟动作技能从零到一是离不开进取精神的。

综上，休闲参与能够为个体网络的搭建创造空间，赛事参与似乎并没有为参与者的交流互动留下多少机会，但这并不能否定赛事参与的意义。虽然体育参与对社会资本的影响存在负向影响，但是本研究中的结果并未呈现显著性。鉴于测量群体的特征和背景，参与深度对个体网络的影响应进一步扩大样本后再做分析。虽然本研究证实不同体育项目参与对个体社会资本的生成存在差异，但是也要注意项目参与深度加强反而对个体社会资本的影响却是不显著的。建议提升个人社会资本时的体育参与要注意项目的特色，尤其注意体育项目参与的难易程度和项目本身所蕴含的文化内涵。以休闲为主的参与形式对个体社会资本的提升具有显著影响，当前倡导"重在参与"的全民健身活动能够为个体社会资本积累提供广阔的空间。但是竞争性突出的活动对个体社会资本的积累并无影响，建议在积累个体社会资本时，选择弱化体育参与项目的竞技性，强调重在参与的意义和价值。本研究为了获取较为连续的数据资料，控制了相关的影响因素，选取了较为特殊的群体进行研究。虽然结论的普遍性较弱，但是丰富了体育参与影响社会资本生成机制的研究内容，拓宽了研究范围。当然，本研究也存在如下不足：研究水平、调查规模具有限制性，后续研究应扩大研究对象的范围，增设多项测量指标，较为全面地反映体育项目的特征和内涵。例如，源于西方的体育项目、东方的体育项目，以及融合性体育项目所蕴含的文化内涵对参与者选择项目上的影响。

4.5 以运动项目为中心的社会资本培育

鉴于运动项目之间的差异对社会资本的生成存在不同，运动项目的特征在社会资本的观测中需要充分考虑，尤其是环境因素在项目差异中存在较大决定性时。需要指出的是，缺少环境要素直接改变项目特征或属性的运动项目，在社会资本培育中尤其值得注意。例如山地徒步，其中的环境因素需要进一步强调。山地徒步运动中的自然因素和历史因素是不同线路的主要区别。自然因素是先天性的，是由地理资源和区位优势决定的，是不可复制的。例如，秦岭中牛背梁路线。牛背梁，海拔 1000~2802 米，相对高差 1800 米，最高峰 2802 米，为秦岭东段最高峰。陕西牛背梁国家森林公园群山雄峙，峰峦叠嶂，多数地方沟谷深邃，峭壁悬绝；河流水清流急，变化万端；自然景色雄浑壮丽，森林茂密，潭溪清幽，树木花草遍布林间。只见翠绿层层，山花点点，流水潺潺，青崖怪石，峡谷深幽，空气清新，沁人心脾，在平整的人行步道拾级而上，恍如步入仙境一般，十分惬意。在这种环境中参与徒步，实际上运动量是比较大的，这是由山的低海拔决定的，这也决定了山地徒步的参与效果。在历史因素上，牛背梁是我国黄河、长江两大水系的分水岭，也是地理上的南北分界线。此处山高、云淡，极目眺望，北方的厚重阳刚、雄浑大气，南方的俊俏妩媚、温软灵秀，在大自然的鬼斧神工下体现得淋漓尽致。2020 年 4 月，习近平总书记抵达陕西商洛市柞水县，在海拔 1700 米的月亮垭，远眺秦岭牛背梁主峰。习近平总书记强调，秦岭和合南北、泽被天下，是我国的中央水塔，是中华民族的祖脉和中华文化的重要象征。秦岭的特殊地位更是增添了一份山地徒步特色的重要内容。另外，其他历史因素前文已做陈述，不再重复。同时，可以调整的项目因素仍然值得考虑。

不同运动中的休闲性和竞技性是可以调整的，因为参与目的是可以自主的。另外需要强调的是，山地徒步的休闲性虽然具有较好的社会资本促进性，但是休闲性的决定意义并不是否定竞技性。竞技性是决定体育项目存在的本质性要求，因此，休闲性和竞技性在一定条件下需要融合。山地徒步的休闲性和竞技性一方面由参与者自身的态度决定，另一方面由活动的组织者决定。休闲性源自生活、工作压力的释放与自身体能和精神状态的恢复，休闲性对于山地徒步的发展而言，能够吸引较大的参与群体，毕竟休闲性可以作为放松的一种状态和生活调式。休闲性作为山地徒步发展的重要支撑也存在时代性的要求。尤其，目前以竞技体育为主导的锦标主义为支撑体育文化要转向以健康主义为主导的生活体育文化。但是竞技体育中的体育精神仍然要发挥一定的作用。以健康取向为主导的生活体育文化是人们走向美好生活的重要选择。习近平总书记指出："人类社会与动物界的最大区别就是人是有精神需求的，人民对精神文化生活的需求时时刻刻都存在。"美好生活既要有殷实富足的物质性内涵，更要有日趋完善的精神内涵。因此，以健康取向的生活体育文化必将被人们接受和践行，山地徒步的发展必然体现这种文化特质，即休闲性富足的山地徒步必然能够在人们对美好生活追求的进程中体现出极具体育价值内涵的项目特质，这种运动项目的优秀文化特质必将在社会资本的积累中发挥出适合人们需求的作用。另外，山地徒步的竞技性是保留其成为体育项目的核心要素，更是其融合旅游的重要体育特质。这里的竞技性并不是金牌主义在此项目中的体现，而是"追求卓越、奋斗有我"的体育精神在山地徒步中的自然流露。事实上，山地徒步中充满挑战和冒险，而且是具有一定危险性的体育项目，没有一定体能储备的参与者，往往在体能分配不适应或者劳累中未能够完成路线目标，又或者在山地徒步的参与中对于有限时间的掌控并不能按照原计划的预期去实现，会遇到意想不到的困难或者挫折。实际上，体育参与中的挫折或者失败并不意味着是对参与者的一种打击，反而是一种认识自己、成全自己的良好机会。体育参与中的挫折是发展人格、完善人格的一种教育。任何体育项目都是充满刺激和悬念的运动，并且没有永远的胜利者和失败者，是一个从挫折—奋斗—成功—再挫折—再崛起的过程，不仅是每一位体育人不断前进的心路历程，也是成功者永不停止奋斗的人生轨迹，而在这跌宕起伏的过程中，体育人也就铸就了强大的心理抗压能力。科学实验也证明了体育对健全人格及心理素质的培养发挥着重要作用，是其他学科无法比拟和替代的。体育参与成就人格的背后就是"追求卓越、奋斗有我"的体育精神，由这种体育精神演绎为山地徒步中的行为必然是充满竞技性的。只是这种竞技的对手不是别人，而是自己。尤其面对体能有限、技能不足，而且外部环境变化不定的情况时，这种竞技的特性会变得更加突出和明显。当然，这种竞技性并不排除山地徒步赛事的开展。实际上，山地徒步赛事的发展已经说明，竞技性作为体育项目的决定性因素是定位准确的，而且运动项目的巨大魅力毕竟需要运动项目成绩卓越者来凝聚赛事的各项资源。例如，北京国际山地徒步大会。此项赛事是经北京市政府批准的第一个国际化山地品牌活动，是按照建设有中国特色的世界城市和建设国际化体育中心城市的发展目标，打造群众性国际品牌活动的重要组成部分；是继北京国际马拉松赛、中国网球公开赛、斯诺克公开赛之后推出的又一国际精品体育品牌，每年举办一届。山地徒步的休闲性和竞技性是不冲突的，而是能够凝聚各种资源的重要特质。

总之，社会资本的培育需要以运动项目为中心展开设计，尤其运动项目中的不可复制因素不可忽略。基于此，将考虑对运动项目中不可复制因素对社会资本的影响情况。

第5章 不同项目因素对社会资本的影响

5.1 对不同项目因素的解释

不同体育运动项目对社会资本的影响，前文已作论述，而且很多学者通过不同项目（网球、游泳等）对社会资本的影响做出了实证。这里不禁要问，更深入地观察一个项目对社会资本的影响情况是什么样的呢？换言之，同一个体育项目中不同的构成要素对社会资本的影响又是什么情况呢？实际上，不同的体育项目之间也决定了不同的项目构成要素。传统上将参与时间、频次、强度、效果等因素作为构成要素，值得关注。山地徒步的一般方法：山地行走应有路走路，在无路可走时，可选择纵向的边缘及树高林稀、草丛稀疏、空隙大的地形行进。一般不要走纵深大的深沟峡谷和草丛繁茂、藤刺交织的地方。尽量走梁不走沟，走纵不走横。在爬30°以上的上坡时，直线上行容易吃力，不容易踩稳双脚，可采取"之"字形上升法；下陡坡时，为防滑倒，应待脚站稳后，再松开抓住树木的手，也可坐在地上，身体往后仰，两臂伸开用手抓住两边的树木、岩石，两脚慢慢前伸，待脚落地并站稳后，再松手。鉴于山地徒步的特殊性，尤其山地徒步的价值属性，对山地徒步的项目构成因素有必要做出一番梳理。基于此，对山地徒步项目构成要素进行简要梳理，为后续实证研究提供基础。

5.1.1 基本要素

与其他体育项目要素的共性角度而言，强度、频次和锻炼效果是不能够忽视的构成要素。实际上，这也是确保体育属性的基本要求。换言之，缺失运动强度的项目多被质疑，这一点值得深思。例如，电子竞技项目，2003 年 11 月 18 日，国家体育总局正式批准将电子竞技列为第 99 个正式体育竞赛项目。2008 年，国家体育总局将电子竞技改批为第 78 号正式体育竞赛项目。2018 年，雅加达亚运会将电子竞技纳为表演项目。虽然电子竞技的参与需要较好的体能和脑力，但是因为久坐、身体姿势单一、运动强度不足等原因多受质疑。这也反映出了体育促进健康的生物观与体育发展的文化观之间的差异。值得注意的是，在山地徒步与旅游的区分与把握上，我们强调山地徒步的运动强度，突出对体能的要求以区别旅游的休闲性和娱乐性。单纯的休闲和娱乐导向是很难区分体育与旅游之差异的。基于此，传统意义上的构成要素仍有必要进行梳理。首先，是强度。山地徒步活动中的运动强度实际上是比较大的，因为山地海拔决定了徒步的强度。而且运动强度的实际情况是与参与者个人体质、体能情况相互关联的。通常应用心率把握运动强度。但是，实际参与中个体的主观感受仍是不容忽视的。一般而言，山地徒步的持续时间较长，所以，通过瞬时测量参与者的心率情况不一定能够全面地反映参与者的运动强度。因此，通过参与者的主观感受评价运动强度更具有实际的参考意义。其次，是频次。运动频次反映的是时间线上参与者的投入情况。山地徒步与普通项目具有差异，尤其在参与时间上不同。一般体育项目在两个小时左右基本可以完成参与，包括个人练习和赛事。但是，山地徒步的参与基本上不会少于两个小时的。实际上，对一般山地徒步的线路和海拔考虑的话，以秦岭地区山地徒步的线路为参考，时间一般持续在 4 到 5 个小时，有的甚至更长。另外，一个现实的因素就是较长的参与时间决定了山地徒步的周末性或假日性，普通闲暇时间是不允许山地徒步开展的。因此，传统上一周不少于 3 次，每次不少于 30 分钟的频次表述，并不适用于山地徒步项目的实际情况。需要强调的是，体育人口的评判标准就是每周身体活动频度 3 次（含 3 次）以上；每次身体活动时间 30 分钟及以上；每次身体活动强度为中等程度及以上。随着我国体育话语权的主张，体育人口渐渐退出。"经常参加体育锻炼的人数"这一概念逐渐被应用起来。国家体育总局每五年举办一次全国的全民健身活动状况调查和国民体质监测。从数据上看到，2020 年，经常参加体育锻炼的人数比例达到 37.2%[1]。每周不少于 3 次的参与普通人群是无法实现的，或许未来的某个发展阶段能够实现。鉴于此，频次的情况获得由参与者自己表述较为准确，根据其参与情况自主判断。最后，是锻炼效果。效果不仅包括运动技能的改进和体能的提升，而且是具体的、较为细致的判断指标。然而，对普通参与者而言，参与效果的主观体验似乎更能表达参与效果，因为山地徒步的参与者并不一定将参与目的选定在技能的改进和体能的提升上。因此，参与者的主观描述对参与效果的界定具有重要的意义。综上，山地徒步的基本要素均可以通过参与者主观性的描述进行表达。实际上，除了上述构成要素之外，还要有因参与目的不同而衍生出的特殊要素。

5.1.2　特殊要素

因山地徒步参与者的目的各异，就较大程度地区分了不同的参与起点。实际上，参与目的的差异是有明显区别的，但是又存在相互的交叉与重叠。结合山地徒步的实际参与情况，往往表现为人际社交、风景游览和历史体验等不同且相互交叉的情况。这里重点将人际、风景和历史等特殊要素进行论述。首先，是人际

---

[1]　张洋 . 我国青少年健身活动状况及问题——基于 2014 年、2020 年《全民健身活动状况调查公报》的研究 [J]. 中国校外教育 ,2023(3)：48-58.

社交。实际上是通过山地徒步提供参与者之间相互了解和相互交流的重要需要。但是，结合前文所述，通过网络、微信社群建立的关系，在参与中实际上并未能够给参与者提供社交平台的扩大。在山地徒步的行进中可能缺少成员之间相互交流的空间，更多的时间放在了徒步中或者风景、历史等因素上。但通过徒步建立良好的交往关系是存在可能的。为了建立良好的交往关系去徒步似乎偏离了参与初衷，但实际参与中并不能排除这种可能。人际社交不仅仅是山地徒步参与效果的一种表现，也是促进山地徒步参与的重要因素或者目的。毕竟，以体育的名义为社交增加更多可能，运动使我们快乐地在一起，显然，体育的社交化是现在生活方式的重要发展趋势。因此，社交因素作为山地徒步的构成要素，是值得关注的。因为社交效果也影响了个体社会资本的生成或积累。其次，是风景游览要素。风景要素是区别不同山地徒步线路的重要因素。实际上，同一条线路上，不同季节的风景要素也是不一样的。正所谓"春水满四泽，夏云多奇峰。秋月扬明晖，冬岭秀寒松[1]"。这是人们走向自然、亲近自然的本然要求。风景要素虽然重要，但是对于山地徒步参与者而言是短暂的。所谓"徒步不观景，观景不徒步"，反映了徒步的体育属性与观景的休闲属性的对立。需要强调的是，山地路线中的风景要素是参与的重要构成内容，一方面，风景游览融合旅游的元素，扩大了山地徒步的体育属性。另一方面，风景游览的要素是山地徒步参与者提升参与感受，区别不同线路赋予独特性的重要因素。最后，是历史体验。历史因素是山地徒步中重要的文化遗产内容，也是参与者能够感受历史、体验文化内涵的重要基础。前文曾作过论述，在此不再重复。

综上所述，不同体育项目的构成要素是不一样的，是存在差异的，尤其在山

---

[1] 陶渊明（约365—427年），字元亮，晚年更名潜，字渊明，别号五柳先生。浔阳柴桑（今江西九江）人。东晋末到刘宋初杰出的诗人、辞赋家、散文家。被誉为"田园诗派之鼻祖"。

地徒步运动中的参与者的各个不同需求下的参与，各个参与者的体验和感受也是不同的。在这种多因素构成的运动参与中，对社会资本的影响又是什么情况呢？这就成为下一步研究的重要内容。

5.2   社会资本生成中存在显著项目因素

体育运动生成社会资本在体育领域已得到实证，尤其中频参与能够积累更多的社会资本。在体育能够生成社会资本的基础上，对具体体育项目的不同要素情况进行细致观察，以区分不同参与要素对社会资本的影响情况。需要强调的是，本研究所选择的变量是为了方便区分以及统计的连续性，但不一定能够有效反映出山地徒步中各个构成要素的真实情况，尤其是通过参与者主观感受确定的各种变量结果。例如，参与频次的统计，在调查中将通过参与者自身的实际情况进行主观界定。实际上，山地徒步项目中的参与频次与一般意义上的参与频次存在较大的差异，而且山地徒步的参与频次多是一段较长时间内的参与次数和频率，更多的山地徒步的频次只有通过参与者自身的表述可以在短时间内通过调查获取。本研究应用 1~5 的数字表述参与的频次高低，5 代表着高频参与，1 代表着低频参与。为了方便起见，其他变量均通过参与者主观赋值的形式确定其参与情况，虽然这样距离真实情况存在一定的差异，但是能够反映出参与者的基本感受和体验。同样，山地徒步中的各个要素指标的传统数值型表示并不一定能够有效获取。鉴于此，结合山地徒步的实际情况，通过赋值型指标获取参与情况。同时，因变量社会资本的指标如前文所述应用社会网络情况的赋值进行确定，同样选用 1~5 进行赋值确定。基于此，本研究将通过参与强度、频次、效果、社交、风景、历史和社会网络情况调查山地徒步的参与情况。因此，研究假设便明确了起来，即运动项目的不同构成要素对社会资本的生成不存在差异。也就是说，构成体育项目的不同要素对社会资本的生成具有同样的影响。

5.3 不同项目因素对社会资本的影响

5.3.1 数据收集与样本特征

通过网络调查平台"问卷星"在 2020 年 6—9 月期间调查山地徒步者的参与情况，共收到 628 份问卷，剔除不符合要求的问卷，共剩余 552 份，回收率约为88%。样本量超过分析变量（7）的 20 倍，达到回归分析的要求。样本数据基本情况，见表 5-1。

表 5-1 样本数据基本情况（n=552）

类别	频率 / 均值	百分比 / 标准差
男生	279	50.5
女生	273	49.5
年龄	39.26	2.75
强度	3.34	0.99
频次	3.40	0.98
效果	3.19	1.03
社交	3.45	1.13
风景	3.27	1.12
历史	3.19	1.18
网络	3.17	0.99

5.3.2 信、效度检验

通过 SPSS25 软件中分析—标度—可靠性分析功能进行分析，发现八个观测变量之间的克隆巴赫系数是 0.9，说明数据具有良好的信度。通过 SPSS25 软件中分析—降维—因子功能进行分析，发现 KMO 为 0.86，接近 1，说明问卷具有较好的结构效度，而且巴特利特球形检验具有显著性。鉴于问卷的内容效度因涉及的变量具有明显的内涵区分，因此不再进行内容效度检验。

5.3.3 回归分析

通过 SPSS25 中的分析—回归—线性功能进行分析，设定社会网络为因变量，其他均为自变量。方法选用默认的输入法，回归系数框中选中值估算，以及模型拟合复选框，F 的概率按照默认模式执行。通过得到模型摘要，见表 5-2。可以发现 R 为 0.801，说明自变量与因变量之间为高度正相关。R 方为拟合优度，为 0.641。说明回归模型拟合效果较好，可以接受。

表 5-2　模型摘要

模型	R	R 方	调整后 R 方	标准估算的错误
1	0.801	0.641	0.637	0.600
a. 预测变量：（常量），历史，强度，社交，效果，频次，风景				

线性回归方差分析，通过 F 检验来判断回归模型的回归效果，即因变量与自变量之间的线性关系是否显著。见表 5-3，可以发现显著性良好。

表 5-3　方差分析

模型		平方和	自由度	均方	F	显著性
1	回归	350.116	6	58.353	162.358	0.000
	残差	195.877	545	0.359		
	总计	545.993	551			
a. 因变量：社会网络						
b. 预测变量：（常量），历史，强度，社交，效果，频次，风景						

表 5-4　回归系数

模型		未标准化系数		标准化系数	t	显著性
		B	标准错误	Beta		
1	（常量）	0.332	0.101		3.292	0.001
	频次	0.173	0.051	0.173	3.384	0.001
	强度	0.026	0.056	0.026	0.463	0.644
	效果	0.443	0.047	0.457	9.505	0.000
	社交	− 0.054	0.046	− 0.061	− 1.159	0.247
	风景	0.198	0.047	0.224	4.184	0.000
	历史	0.093	0.035	0.111	2.703	0.007
a. 因变量：社会网络						

通过回归系数表 5-4 可以发现，不同的项目构成要素对社会网络的影响是存在差异的，具体而言，强度和社交因素对社会网络的影响不具统计学意义上的显著性。同时，效果、风景、频次、历史等依次呈现出由强到弱的影响，说明在调查的样本群体中参与效果对社会资本的影响显著性依次为风景、频次和历史因素。

5.4　山地徒步生成社会资本的关键要素

5.4.1 参与效果因素

通过前文论述可看出，山地徒步的参与效果对社会资本的影响是最大的，而且是正向的影响。这不仅反映出了前期相关研究中体育运动对于社会资本的正向影响，而且反映了运动参与的重要影响，即参与效果。实际上，参与效果是整体性的评价，不仅有参与过程的体验，还包括参与结果的满意程度。徒步参与对于生活满意度的影响也有证实。调查显示，一年中30.9%的人有过徒步旅行的经历，他们参与旅行的平均次数为 4.3 次。对徒步旅行者和无此类经历者生活满意度进行比较后发现，前者中有 60.1% 的人对自己的生活感到满意，后者中该比例仅达到 44.7%[1]。山地徒步的长时间持续性、投入性以及线路完成的成就感和体验感对于提升效果体验具有积极的意义。与普通体育运动项目相互比较，山地徒步具有较为独特的参与效果，主要表现如下：其一，竞技性的转变，而非竞技性的淡化。需要强调的是，山地徒步的竞技性并没有随着组织形式而淡化，仍然体现在体能挑战与心理挑战等诸多方面。山地徒步线路的完成，如秦岭冰晶顶线路，全程 15 公里，总耗时约 8 小时，累计爬升高度约为 1700m，道路以碎石路为主，然后穿竹林、走森林，难度较大，被誉为西安周边可一日登顶的难度线路。实际上，无论选择哪条线路，体能是基础性的挑战，同时也存在竞技性的转变，从传统的参与者之间的相互竞争与对抗，转变为对自己的挑战和参与成员之间的相互鼓励与帮助，这其中追求卓越的体育精神并未流失。这种强调相互帮助与团结共同实现同一目标（完成线路或山峰登顶）的活动形式，而且需要相当的体能和技术，对于建立真实有效的社会网络系统显然具有积极的意义，实际上增加成员之间的信任也是可以预判的。其二，山地徒步中线路完成的目标性和引导性，对于凝聚参与者，消除参与者之间的陌生感或者隔阂具有积极的意义。徒步路线的目标性涵盖了线路中各种要素，具有综合各个环节、统领诸多要素的特征。相反地，如果未能完成徒步线路，或者因种种原因中途退出，对于参与者而言会产生负面的影响。实际上除非特殊情况，一般是少有放弃、退出的参与者。线路的目标性和引导性对于参与者个人或者团队均具有明确的指向性，这种指向性能够为参与者提供基于山地徒步的网络基础和沟通可能，自然能够为社会网络的活力增加支撑。在调查中发现，秦岭线路徒步中的参与者热衷唐诗交流，主要是通过微信群

---

[1]　王家璇. 徒步旅行提高生活满意度 [N]. 生命时报，2019-3-8.

的建立分享诗词名句，尤其有关终南山的，更有参与者亲自赋诗分享交流。实际上，秦岭相关的诗句不仅吸引着人们参与其中，也为人们留下了优秀的文化遗产。例如："云横秦岭家何在？雪拥蓝关马不前。""蓝桥春雪君归日，秦岭秋风我去时。"同时，也为当下的参与者提供了交流的基础和参考。这种内涵丰富的且可以实际感受的活动形式就为参与者之间的活动创造更加深度性的网络基础。这反映出其对网络活力和稳定性的促进。稳定性主要基于目标的凝聚作用和指向作用。其三，参与效果的重要表现在于路线的新奇与征服感。即便是同一条路线，在不同的季节和时间进行徒步时，线路呈现出的种种特征也是不一样的，尤其是植被和气候的变化对参与者的刺激和影响。山地徒步的重要体验莫过于登顶山峰！登顶体验所带来的征服感和成就感是构成体育要素的重要内容，也是山地徒步参与效果的重要内容。登顶体验的影响效果是持久的，这种持久性能够为参与者社会网络的稳定性提供可能。登顶体验给参与者带来的共情效果是其他项目难以比拟的，全部参与者同时间或者共同达到较为良好的体验感受，这种体验对于山地徒步和社会网络均具有积极的意义，这是无可厚非的。值得注意的是，山地徒步的健康促进效果是不能忽视的。俗话说"人老脚先衰"，常年久坐迈不开脚的人，是不可能保持年轻的体态的。同时徒步相当于对骨骼进行重量训练，能让身体吸收更多的钙质，有利于预防骨质疏松，减低髋骨骨折的风险，同时还能锻炼到背肌，可以巩固脊柱，减缓骨骼的衰老过程，提高骨髓的造血功能[1]。综上所述，山地徒步的参与效果对社会网络的影响是正向的。

5.4.2 风景因素

风景因素成为促进社会资本的积累，主要解释为参与者的风景游览动机，或

---

[1] 李方晔, 陶怡, 齐越. 浅析高校开展户外徒步运动的意义 [J]. 新教育时代电子杂志 (教师版), 2014(4)：52-54.

者参与目的的细分。风景要素能够促进社会资本主要解释在于山地徒步与风景游览的互动性，两者的互动性可以理解为互为因果的关系。实际上，山地徒步能够使得风景游览成为可能，风景游览也能够促进山地徒步的深入发展。在一定程度上两者的形式是可以融合的。但是风景因素作为山地徒步的内构成分对于社会资本的影响主要表现在以下两方面：其一，风景因素的自然性和参与者的审美需求高度融合，使得风景因素成为聚拢参与者的重要因素。尤其风景的动态性和变化性使得参与者陶醉其中、流连忘返。绿野户外数据显示，当前热门的徒步线路分成经济发达地区周边的成熟徒步线路和全国知名徒步景区两大类 [1]。其中，全国知名徒步线路，比如新疆的喀纳斯、狼塔，安徽的黄山，云南的虎跳峡，四川的稻城亚丁、四姑娘山，河南的南太行等，这些地方有独特而壮美的风景，大多数保持着原生态的自然风光，又远离大城市的嘈杂，从而吸引了众多来自全国各地的徒步爱好者。高达 90.54% 的户外运动人群优先选择徒步。其二，风景因素能够为社会资本中社会网络的建立提供徒步之外的支撑，同时也为印证参与者对风景的认知和理解。山地徒步尽管是运动项目存在的本身理由，但是由于风景的特殊性，或者风景游览的主动性，山地徒步成为其副产品。实际上，两者的互动性使得参与者在增加认知和理解的基础上，不断地扩大着他们的网络关系和网络规模。山地徒步所涉及的绝非仅有风景，但是风景因素中却融合着地理、气象、地质、植被、温度等方面的基础知识，这就为参与者的社会网络的建立提供了更多的选择。需要强调的是，山地徒步参与者为了记录美好的风景，同时分享给亲朋好友，就促成徒步摄影和徒步自媒体等业态的发生与发展。尤其徒步摄影已成为众多山地徒步爱好者徒步时的重要内容，基本上山地徒步线中的驻足点都会看到或多或少的人们拿着手机在拍摄照片，或者是更加专业的深度摄像。这其中的作

---

[1]　徒步旅游贴近自然 双脚走出好风景 [N]. 保定日报，2018-5-22.

品传播或分享交流自然能够为参与者甚至更大群体之间的社会网络提供良好的信息基础和关系桥梁。实际上，基于摄影作品的网络群体壮大与山地徒步发展的关系是不能够忽视的。

5.4.3 参与频次因素

参与频次对社会资本的重要促进意义，在之前有学者[1]已经实证，只是山地徒步的参与频次需要再次强调与普通体育项目的差异。实际上，就参与者的时间跨度而言，一段时间内（半年或者整年）能够有效进行的徒步次数较少。从户外旅行运动网站绿野的调查数据来看，超过一半的徒步爱好者，每年徒步旅游的次数超过了 10 次[2]。对于居住条件良好的参与者自然是近水楼台，但是在山地资源相对不足或者有限的居住环境下，参与频次就不一定能够显著影响社会资本的积累。实际上，这反映出了参与频次的提升自然能够增加与成员之间的交流机会和深度。用一种极端性的假设可以说明频次的重要性。一百年参加一次活动与一年参加一百次活动对于参与者而言自然是不同的。参与频次尽管具有重要参考意义，但是结合山地徒步的实际情况而言，单次的参与时间是不容忽视的，或者与其他体育项目比较而言，单次参与时间具有一般项目所不具备的，而且能够较为稳定地支撑参与者相互交流和互动。根据秦岭山地徒步路线的情况，徒步时间可从几个小时到几天完成一段路线，均能满足参与者的需求。而且，山地起伏，海拔攀升明显，需要中途休息或者补给，能够为山地徒步的开展创造良好的条件。虽然中途休息和补给的时间没有参与强度的意义，但是从整体上，仍属于山地徒步的总时间，需要注意的是，这段时间的存在，更大的意义在于成员之间的相互

[1] 张晓丽，雷鸣，黄谦. 体育锻炼能提升社会资本吗?——基于 2014 JSNET 调查数据的实证分析 [J].
上海体育学院学报，2019，43（3）：76–84.
[2] 徒步旅游贴近自然 双脚走出好风景 [N]. 保定日报，2018-5-22.

交流和互动。另外，山地徒步活动中的拍照片、拍视频，以及相关安全事项要求、环境保护讲解、通信设备检查等事项的执行，也是成员之间能够建立稳固社会网络的重要内容。这些内容对整体参与时间的占据是有利于项目开展的。山地徒步活动参与频次主要反映一段时间的参与次数，但是也包括单次参与的时间深度。需要强调的是，参与者之间的差异会造成参与时间的长短各不相同，即使在同一支队伍中，也有前后之别，因此这种时间上的差异所带来的不同感受和体验均划归到参与效果中。与普通体育项目对社会资本的影响具有同样重要性的是频次，交流与互动的机会和深度的增加对于社会网络的影响是具有积极意义的。

5.4.4 历史因素

历史因素作为山地徒步的重要构成要素，前文已做论述。但是仍然需要强调历史因素的跨时空性。尤其历史中的重要信息与能量无不激励着参与者，或是积极地投入生活工作，或是勇敢地历练自身的内心。这对于社会网络的稳定和发展具有积极的意义。例如，重走长征路在全国各地都受到人们的欢迎和喜爱，尤其红色文化所凝聚的革命力量和精神对于新时代人们的成长和发展所带来的影响是不可估量的。红色徒步是以丰富的红色文化和山地徒步资源，带领徒步爱好者感知红色文化，重温薪火革命岁月，重走古道初心路，让徒步爱好者在徒步中感受亲近绿水青山美景的同时，尽阅革命先烈的动人故事 [1]。红色文化和山地徒步的融合发展促生的红色徒步，已经成为新时代体育发展的重要内容，尤其以此促生的红色研学，为体育的多元化发展提供了新生力量。红色文化之外的历史因素具有较强的地域性和时代性，各具特色的发展中呈现出民族民俗特色。徒步中的历史元素为参与者的整体体验注入了恒久不灭的话题元素，也为参与者社会网络的

---

[1] 蒲长廷.徒步红色旅游线路 体验门头沟小院文化 [N].北京青年报，2021-4-10.

完善和发展提供了更加广阔的探讨空间和拓展内容。这就为参与者的共识奠定了基础，基于此而产生的信任也不无可能。山地徒步的线路的不同所承载的历史信息和要素是不同的，因此，不同线路对参与者的影响也是不同的。本研究所调查的对象基本上是以秦岭地区的参与者为主，因此在历史因素的影响观察中，较为集中地反映了地域性的特征。事实上，秦岭地区的徒步线路所承载的厚重历史资源和文化遗产是整个祖国文化系列的重要组成部分。"三千里大秦岭，五千年华夏史。"作为华夏文明发祥的重要文化源地和历史文化基因源地，秦岭与黄河、长江构成"一山两河"的华夏轴心地带。独特的地理和生态环境，使得秦岭山脉孕育了历史悠久且丰富多元的文化类型，影响了我国数千年的文明进程，被称为"中华父亲山"。综上，历史因素将持续地作为山地徒步的重要构成内容促进着个体社会网络的生成和积累。

5.4.5 参与强度与社交因素

山地徒步活动中强度的短持续性使得项目不像传统体育项目那样容易疲劳。如果马拉松运动中能够自由交谈说明强度的缺失或者参与者的休闲需求较为强烈，但是山地徒步中缺少了必要的交谈，则会使项目转化为突出竞技性的异类。实际上，强度是确实存在的，但是对社会网络的影响不显著。山地徒步的运动负荷多应用速度进行表述。一天能走多远的距离？这是一个困扰很多徒步者的问题。这要综合考虑徒步者的体能状况、背包重量、步幅、徒步时间，以及地形、天气等因素，再确定一个适宜的速度。对一个成熟的徒步者来讲，徒步速度 3.2 千米 / 小时，上升速度 305 米 / 小时，每小时休息 5 分钟比较适宜。强度的个性化与差异化太大，以至于不能有效地形成系统性影响。这也说明了强度作为主宰体育属性的核心要素并未对社会网络的影响发挥作用。或许通过不同体育项目的进一步实证，才能够发现项目中的强度对社会资本的影响。

社交因素作为非显著的影响因素或许源自徒步与社交的目的转换，在实际的参与中为了社交选择徒步是合乎逻辑的，但是徒步的时间和体能的消耗毕竟能够过滤掉叶公好龙者。在时间资源相对缺乏的情况下，能够承受长时间处于体能考验的临界状态，是不合乎逻辑的，尤其为了社交，而无法确定结果的情况，投入体能与精力自然不会有效。因此，徒步促进社交可以理解，反之就会成为一种负担。但是这种情况限于相对陌生的群体之间。有关数据显示，当下白领在业余生活中，选择"宅在家"的比例达到了 68.55%。业余生活选择运动健身的，从"80 后"到"90 后"、"95 后"比例一路下滑，"80 后"仅占 19%、"90 后"仅占 18%，而"95 后"已经下滑到 16%。徒步作为全民性的运动，已成为最接地气的运动休闲和交友聚会方式，可以使人面对面、肩并肩真实交流，而摆脱网络式的虚拟化交流。需要强调的是，在山地徒步中相互间的交流与帮助，对于增进社交无疑具有积极意义，尤其肩并肩同行的一路人，能够体验到相互之间的信任和理解。这就为山地徒步的意义注入了新的解读。一般意义上，促进了相互之间的理解和认识，自然能够促进社会资本的积累。但是，本研究的实证发现，社交因素对于社会网络并无显著影响。其中的原因或许与调查对象有着重要的关系，因为调查的对象均是较为稳定的山地徒步群体，而且具有规模性的网络群（微信群等）。这其中或许是缺少了认识新朋友的机会和可能导致了社交因素对社会网络的影响不显著。建议在后续研究中关注陌生群体中社交因素对社会资本的影响。

通过前文论述发现，山地徒步的参与能够促进个体社会资本的积累，个体社会资本的积累与调用能够为参与者进一步从事山地徒步提供更多可能，同时也为参与者的多元化发展储备了更多的可能与选择。但是要注意在山地徒步的构成要素中，参与效果、参与频次、风景因素和历史因素能够更加有效地给参与者带来较为明显的促进作用，以提升参与者个体社会资本的积累水平。在秦岭地区部分样本的支持下对山地徒步影响社会资本的情况做出了分析和探讨，对社会资本理论的发展与建设提供了山地徒步项目的实证资料。

第6章 山地徒步安全事故分析

6.1 山地徒步安全事故回顾

6.1.1 户外运动安全事故

户外运动以其融入自然、亲近山水的独特魅力吸引着众多的参与者投入其中。无论是追求安适休闲、放松消遣的体验者，还是追求探险刺激、超越自我的挑战者，都能够在户外运动的参与过程中找到其合适的项目。然而，在山地户外运动开展的过程中却存在诸多安全问题，甚至因安全问题引发的责任纠纷又严重地影响了山地户外运动的健康发展。根据中国登山协会登山户外运动事故研讨小组的不完全统计[1]，2021年中国共发生510起登山户外运动事故（以下简称"事故"），全年事故发生的活动中参与总人数2852人以上，事故总人数1632人；受伤事故163起（其中2起受伤事故与死亡事故是同案例），受伤人数180人；死亡事故38起，死亡人数65人（其中，群体性死亡事故2起，死亡25人，皆因失温所致）；失踪事故3起，失踪人数3人；无人员伤亡事故308起。2021年多数事故得到了公安、消防、社会救援力量、村民等机构和人员的及时救援，但仍然有部分事故人员因伤情严重而死亡或者因地形复杂而未找到。根据登山协会的报

---

[1] 中国登山协会：2021年登山户外运动事故分析报告 [EB/OL].2022–04–12.https://mp.weixin.qq.com/s?__biz=Mzg4NDkwMjI1MQ==&mid=2247527872&idx=1&sn=2a74e01729e132311320b32ce2d4a071&source=41#wechat_redirect.

告可知：迷路在事故类型中占比最高。2019 年迷路事故 139 起，占总体事故的 49.63%；2020 年迷路事故 138 起，占总体事故的 46.46%；2021 年迷路事故 280 起，占总体事故的 55%。从近几年迷路事故类型数据对比来看，每年迷路事故数量占事故总数量的 45% 以上，一直高居榜首。2021 年迷路事故仍然是事故数量之最，达到整体事故数量的一半多。迷路类型主要以天黑迷路、落单迷路、大雾迷路、挑战新线路等迷路为主。迷路事故的发生是多种原因造成的，但是可以看出，山地徒步的路线从选定到执行完毕中间过程上充满了各种挑战和危险因素。参与前的准备不足或是重要原因，因准备不足导致的盲目出行，尤其对自身体能的了解不足、天气变化的预估不足、行程时间的判断不足等原因叠加引发事故。这些原因并非挑战性的，而是思想麻痹或者认知不足导致的。也就是说，在准备充分的情况下，迷路是可以避免、消除的。实际上，在户外运动中，针对迷路的措施，国内外基本上选用 STOP 原则[1]。STOP 英文的意思是停止、停下来，但这里则是由四个英文词的首字母组合而成，即 stay、think、observe、plan 的首字母，意思分别是留在原地、思考、观察、计划。S：stay 待在原地，不要随意行动；T：think 冷静思考，判断自己所处的情况；O：observe 观察各种情况，尽可能地寻找解决办法；P：plan 综合分析各种因素，计划接下来的行动。具体是指当人们在户外出现了问题时，首先待在原地，不要随意走动。保持冷静也是最重要的一步，最忌慌张、盲目行动。遇到危险时，惊慌失措想快速脱困是本能使然，这时候人们往往倾向于快速采取行动，但也是最容易犯错的时候，很多事故就是没想清楚就盲目行动造成的。接下来冷静分析观察四周环境，观察队员、队伍的状况，判断自己所处位置；其次要冷静地思考，尽可能客观、全面地判断当前的情况；再次寻找可能的解决办法；最后综合分析各种因素，计划下一步的行动。如果所处位置存在安全隐患，应该寻找一处安全的地方，待在原地或者就地扎营等

[1]　张德玉.不可不知的社会常识 精华版 [M].长春：吉林大学出版社，2009.

待救援，待天气好转再做下一步的计划。

从参与的项目类型来看，登山（低海拔登山）和徒步穿越连续多年成为事故频发的运动项目[1]。登山（低海拔登山）是历年事故项目中占比最高的，另外是徒步穿越。2021年登山事故共发生407起，死亡事故19起，造成25人死亡，2人失踪，126人受伤；徒步穿越事故共发生71起，共造成12人死亡，30人受伤。登山和徒步穿越事故起数合计占总起数的93.9%，死亡人数占总死亡人数的56.92%。与2020年相比，登山和徒步穿越的事故起数增幅较大，但总体事故数量的占比与往年基本保持不变。事实上，山地徒步涵盖着登山（低海拔登山）与徒步穿越等项目。因为山地徒步的参与性强，技术要求低，装备几乎可以忽略，使得大众最易参加。这种低门槛的活动，尽管对于参与者而言极具友好性，但是也容易引起参与者的疏忽大意，忽视山地徒步参与中的安全因素。尤其安全意识淡薄的参与者，凭着一时的兴趣和爱好而放松参与过程中的安全隐患，容易导致事故发生。特别是在没有专业人员带队的情况下，自发组织的山地徒步活动更是充满着种种的安全隐患。虽然，目前以自甘风险的原则进行组织活动的居多，但是自甘风险的基础和资本却是值得关注的重要内容。毕竟，不是每一个山地徒步的参与者都具有必要的知识结构和体能素质及徒步经验和技能等。这也告诉我们，山地徒步的知识普及和基本技能培训仍是推进山地徒步发展的重要内容。

综上所述，户外运动的安全事故认识是阻碍其发展的重要因素。尤其在山地徒步参与过程中，其参与门槛低、技术性要求不高，容易使参与者因忽视安全的隐患而导致事故的发生。山地徒步作为户外运动中的主要参与项目，同时也是发生安全事故最高的项目。故此，以山地徒步为主分析其中的安全事故原因就成为重要的内容。

---

[1]　中国登山协会：2021年登山户外运动事故分析报告[EB/OL].2022–04–12.https://mp.weixin.qq.com/s?__biz=Mzg4NDkwMjI1MQ==&mid=2247527872&idx=1&sn=2a74e01729e132311320b32ce2d4a071&source=41#wechat_redirect.

6.1.2 山地徒步安全事故分析

为了客观真实地收集山地徒步安全事故的相关资料，我们通过中国裁判文书网、无讼网等平台，整理与山地徒步相关的裁判文书，结合山地徒步运动项目特点分析安全事故的个中缘由，为山地徒步安全事故的分析拓展思路和收集资料。部分相关裁判文书情况见表6-1。

表6-1 部分山地徒步相关的安全事故整理

序号	文书编号	时间	地点	组织形式	事故类型	责任认定
1	（2017）川06民终1642号	2017-1-12	都江堰龙池景区	经营式	飞石击中	自身承担40%责任
2	（2017）苏03民终3996号	2016-5-28	抱犊峡谷	自助式	坠入山沟	未尽到合理限度范围内的安全保障义务
3	（2015）嘉南民初字第285号	2014-9-17	四明山	经营式	中暑	绝大部分责任应由其自身承担
4	（2015）济中民一终字第168号	2013-12-2	五斗峰	自助式	血性休克	双方均无过错，组织者补偿
5	（2018）01民终19162号	2017-9-11	鲁山	自助式	摔倒水沟	自愿承担后果
6	（2021）皖18民终132号	2018-2-21	徽杭古道	经营式	摔倒骨折	自身承担主要责任
7	（2020）川01民终160号	2018-1-27	卧龙梯子沟	自助式	扔雪球致眼部受伤	均有过错，各承担50%责任
8	（2016）川0104民初2959号	2016-4-2	牛背山	经营式	晕厥	组织者未尽安全保障义务，应承担50%的赔偿责任
9	（2013）雁民初字第05175号	2012-11-23	鳌山	自助式	身体失温	组织者适当补偿5000元
10	（2021）京02民终3174号	2019-11-17	三皇山	经营式	坠落悬崖	组织者未尽到安全保障义务
11	（2015）甬海民初字第581号	2014-6-2	雁荡山	经营式	急性心力衰竭	自身承担90%的责任，组织10%

注：本表内容依据中国裁判文书网、无讼网中公开资料整理

山地徒步中的安全事故类型多样，而且导致严重后果的不乏少数。但是从相关案例中的责任认定情况来看：①事故发生地涵盖面较广，说明山地徒步运动的开展在地域分布上基本不受限制，或者根据地域特色或地缘优势，山地徒步运动的开展并未因环境情况受限，反而创造条件积极开展徒步活动已成发展趋势。②项目组织者的资质仅限于经营性活动，主要是社会体育指导员和红十字协会急救员资格，另外则是公益性的救援和领队培训经历，重要的是自助式活动基本没有提及职业资格，可见，自助式活动中对于职业资质的认识不足或者实际需求并不高，或许这类自助式的活动还是处于和旅游活动交织融合的状态，其参与者并没有体育性质上的界限认知，更缺少对于山地徒步运动危险性的基本认知。另外，保险购置经营性活动较为到位，且险种呈现多样性。③大部分活动组织者对于安全预案和风险监管仍然需要加强。从法律视角看，山地徒步运动管理人对其安全保障义务的认识和落实仍是影响其发展的重要因素。

另外，通过相关案例的整理发现：①安全事故纠纷的法律依照主要是《侵权责任法》，案件事由主要涉及违反安全保障义务而承担了相应的赔偿责任；需要指出的是，随着《民法典》的颁布与实施以及《侵权责任法》的废除，自甘风险的原则将在自助式的参与中起到重要的作用。②纠纷的焦点主要集中在过失的认定上。③未尽到安全保障义务的侵权责任中，因过失差异而承担赔偿责任的比例存在差异。④在未尽到安全保障义务的侵权事由中，多源于组织者的管理不当，个别存在救助不及时、拖延和无序。⑤尽到合理限度安全保障义务的纠纷中，被告不承担赔偿责任，但进行了相应的适当补偿，且存在差异。⑥在自助式活动中，作为具有完全民事行为能力的参与者对山地户外运动的安全认识不足，且存在行为上的冒进。⑦在经营性的活动中存在职业资格的专业技术人员、专业救护人员缺位现象。

6.2 基于扎根理论的安全要素分析

6.2.1 研究设计

为了客观地掌握山地徒步组织者的基本情况，了解山地徒步活动中的安全要素，本节将采用质性研究方法，对秦岭地区山地徒步组织者进行访谈，以获取一线情况，对山地徒步活动中的安全要素进行分析，为山地徒步开展提供参考。为了获取真实客观的资料，将应用扎根理论对山地徒步组织中的安全要素进行探索。

扎根理论是美国学者 Barney Glaser 和 Anselm Strauss 提出的一种质性研究方法，旨在从经验资料的基础上建立出一个理论框架。研究者在研究开始前并没有理论预设，而是从直接的观察入手，运用归纳的方法对资料和数据进行分析整理，从而提取出研究理论 [1]。国内较为全面系统地介绍扎根理论的学者是陈向明。她在 2000 年出版的《质的研究方法与社会科学研究》，是国内第一本系统介绍质性研究的专著 [2]。在这本书中，陈向明对扎根理论和深度访谈方法进行了系统的介绍，对深度访谈的阐述侧重访谈的准备和技巧，对扎根理论阐释则偏重三级编码，并附有具体的实例展示。扎根理论研究者在研究开始前并没有理论预设，而是从直接地观察、收集资料入手，运用归纳的方法对资料和数据进行分析整理，从而提取出研究理论 [3]。扎根理论在社会学、教育学、管理学、体育学等领域发

[1] GLASER B G，STRAUSS A L. The Discovery of Grounded Theory：Strategies for Qualitative Research[M]. New York：Adline de Gruyter，1967：63.

[2] 陈向明. 质的研究方法与社会科学研究 [M]. 北京：教育科学出版社，2001：359.

[3] GLASER B G，STRAUSS A L. The Discovery of Grounded Theory：Strategies for Qualitative Research[M]. New York：Adline de Gruyter，1967：36.

展迅速，并且形成了经典、程序化和建构主义三大流派[1]。虽然在理论视角、认识论、编码路径上各有不同，但它们也具备核心要素的共性：连续性比较、理论性抽样、理论性饱和以及理论建构的透明性[2]。研究主要应用程序化扎根理论、运用开放编码、轴心编码和选择编码3个步骤对文本资料进行分析。首先，在开放编码阶段，对筛选出的文本进行逐字逐句地编码，从而识别出一些主题并将其归类；其次，在轴心编码阶段，对上一阶段的编码进行归纳，并提取出主范畴；最后，选择编码阶段，将主范畴进行有机关联，并构建出理论模型[3]。通过对秦岭地区山地徒步的组织者进行访谈，获取一手访谈资料，并对访谈内容进行开放性编码，进而识别出不同的主题和初步范畴，进一步替代形成主轴编码和主范畴，最后形成有机关联的理论框架，探讨山地徒步活动中安全要素的情况。因此，本研究在前文相关文献和资料的论述基础上，对山地徒步活动中的安全情况进行总结和分析。为了掌握山地徒步活动中的实际情况，尤其是参与中的安全要素，应用扎根理论对山地徒步活动中的组织者（参与者）进行深度访谈，进而汇总整理访谈资料，进而对资料进行编码，达到理论饱和时再进行理论阐述。其中理论饱和的判断依据以不再增加新的概念内涵为主，鉴于山地徒步活动的实际情况，对秦岭地区的参与者进行访谈，同时因受到新冠疫情的影响，将不再扩大调查范围和调查对象。基于此，本研究的研究流程图示如图6-1。

---

[1]　林志义，杨海晨. 扎根理论在我国体育学研究中的运用情况与问题反思 [J]. 西安体育学院学报，2021，38(2):182-190.

[2]　SUDDABY R. From the editors:what grounded theory is not[J]. Academy of Management Journal，2006，49(4):633-642.

[3]　桂天晗，钟玮. 突发公共卫生事件中风险沟通的实践路径 [J]. 公共管理学报，2021.7（18）：113-124+174.

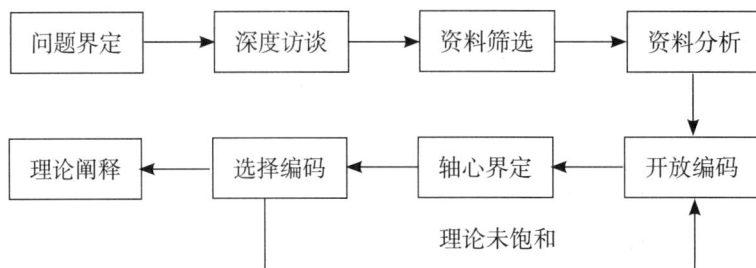

图 6-1　研究流程图示

6.2.2 数据收集

扎根理论强调对研究现象的概括与总结，进而形成调查样本。本研究采用理论饱和原则和理论抽样方式，对山地徒步组织者进行深度访谈，以获取关于山地徒步安全要素的相关资料。访谈主要采用个人深度访谈与集体焦点问题访谈相结合的方式，在基础问题上进行相互碰撞与启发，以拓展思维模式，激发思路与想法，为探讨山地徒步安全要素提供广泛的素材。在访谈开始之前，首先针对山地徒步的安全要素相关文献进行梳理以形成半结构化的访谈提纲。经过为期近 3 个月（2020 年 6—8 月）的访谈，获取 22 份访谈资料。其中访谈参与者山地徒步的年限基本在 10 年以上，男女比例 10∶1，平均年龄在 35 岁左右，具有较高的教育程度、薪资收入偏高等特征。其中访谈内容以山地徒步安全为中心展开，运用网络访谈、电话访谈和面谈结合的形式进行深度访谈，其中涉及的安全要素相关问题，例如山地徒步活动中安全情况事项及处理预防等，进行反复的访谈。访谈框架包括以下内容：a. 请您说说，山地徒步活动中经常去的路线情况和时间安排。假如到秦岭参加山地徒步活动，有什么建议吗？ b. 山地徒步参与之前，通常需要做好哪些方面的准备呢？ c. 山地徒步参与中遇到过安全问题吗？例如雨天路滑、蚊虫鸟兽袭扰等，对此有什么建议吗？ d. 山地徒步参与中，常见的安全问题是如何避免的，请您谈一谈。e. 鉴于时间的限制，在山地徒步过程中如何适应其环境，以安全参与呢？ f. 对于缺少山地徒步经验的参与者而言，有哪些安全建议？例如，体能、强度如何把握等等。g. 假如您是山地徒步的组织者，有哪些安全问题需要特别注意呢？ h. 对于即将出行的朋友们，背起背包的那一刻，您还有什么叮嘱吗？

个人深度访谈方法能够有效唤起山地徒步活动参与者对安全要素的理解和表述，进而通过网络方式对山地徒步线路总的安全要素进行聚集和讨论。虽然网络方式并不能有效地提升访谈的效率，但是能够将访谈的内容展开并获取较大范围的资料。这种聚焦式的网络访谈方式容易形成充分讨论的焦点，在访谈者之间进行相互激荡和启发，交流者之间的发散式思维模式的互动与刺激，可以全面地揭示山地徒步活动中的安全要素，进而形成理论阐述的基础。在访谈过程中，获取访谈录音资料均征得访谈者的同意，为后续研究提供文本资料。为了确保理论的饱和度和充分性，对文本资料进行编码，形成理论阐释。本研究主要运用Nvivo20 质性分析软件，对山地徒步活动组织者（参与者）的访谈资料进行分析。

6.2.3 编码与分析

运用扎根理论将访谈资料文本内容进行编码，主要包括开放编码、主轴编码和选择编码。

6.2.3.1 开放编码

开放编码是将文本资料进行分解、归纳，进而概念化的第一个阶段 [1]。开放编码的主要任务是将文本中的关键例句进行初始的概念化，并进一步提炼范畴，形成初始范畴，为下一阶段编码奠定基础。本研究将 22 份访谈资料进行编码，此阶段引用尽量摆脱前文资料概念的影响，以开放的方式进行重新组合分类，依据内容的理解进行概念化提炼，形成初步的范畴。Glaser 提出，在使用扎根理论的

---

[1] 桂天晗，钟玮. 突发公共卫生事件中风险沟通的实践路径 [J]. 公共管理学报，2021，7（18）：113–124+174.

整个过程中不能将自己的个人主观意见和主观见解带入研究中，整个数据的分析过程需要以自由开放的心态去发现现象的根源、深入理解概念的内涵，对研究问题的数据进行系统性分析，才能使开放性编码更加有效[1]。为此，将22份原始访谈资料进行编码，依据对山地徒步活动中安全要素的综合理解并对访谈资料进行客观的判断，将所有的资料进行概念化分类。鉴于所有访谈人员均采用相同的访谈提纲，为此，对访谈资料进行多次的比较和筛选，同时对概念出现的频次和重复情况进行多角度的分析，结合网络聚焦讨论内容，利用Nvivo20质性分析软件对访谈文本标注了不同的代码，并对其范畴进行了初步的提炼，形成了初始概念和提炼范畴，如表6-2所示。

表6-2　山地徒步安全要素初始概念和提炼范畴

编号	访谈资料	初始概念	提炼范畴
1	1.徒步路线超过六个小时，部分成员适应不了；2.线路海拔较高，运动强度过大不适应；3.没有前期体能储备	体能适应不了路线要求	体能不足
2	4.出现过腰部损伤，不能适应长时间山地环境下徒步	腰部受伤不能长时间徒步	老旧伤病
3	5.存在疏忽大意不重视情况；6.曾经有队员踩着同一块石头，歪倒两次；7.土路上的石块踩着不会摔倒，但是意外就发生了	对路线中的安全隐患不重视	安全意识差
4	8.运动强度过大，想回家休息；9.劳累过度，身体不适；10.天黑害怕，不敢继续前进，原地等待救援	想放弃继续徒步	危险性怯场
5	11.选择较近的路线，但是存在危险和挑战；12.线路陌生好玩；13.风景吸引人，观前人所未观；14.从众而去探险	探索陌生、刺激、新奇路线	挑战新奇
6	15.山地徒步走秦岭感觉新鲜，但是没来过，组织者担忧；16.经常活动，但是山地徒步并没有参加多少，只有体能较好	山地徒步的参与经验缺失	经验不足
7	17.爬高太大不适应，高反过；18.高原反应处理有经验，但是真遇上了不大好办	路线海拔较高，不适应	高原反应
8	19.有时带队成员大部分时间在拍照发朋友圈，相互之间交流不足	团队成员交流较少	相互不认识

[1]　GLASER B.G. Doing Grounded Theory：Issues and Discussions[M]. Mill Valley，CA：Sociology Press，1998：168-216.

（续表）

编号	访谈资料	初始概念	提炼范畴
9	20. 临时决议，未带好登山鞋；21. 鞋子过大、袜子不适磨脚	鞋子准备不足	鞋子磨脚
10	22. 衣服透气性不好，容易着凉；23. 气温变化较快，衣服准备不足	衣服保暖、透气性不好	衣服不适
11	24. 日光照射太耀眼，不适应；25. 山高风大吹得眼睛不得劲儿；26. 地图没带，全用手机导航	眼睛风吹日晒难受	眼睛风吹不适
12	27. 手杖不会使用，老是勒手腕；28. 手杖因出汗握不紧，磨手	手杖调节不稳定	手杖磨手
13	29. 携带的水不够喝；30. 热水不够	带水不足	水壶过小
14	31. 背包过重，因为路上总是捡到喜欢的石头；32. 背包透气不好，而且因背负时间较长肩部出现淤青	背包过重、磨肩	背包不适
15	33. 手机拍照发朋友圈用了很多电，电池不够用；34. 部分路线信号不稳定；35. 通信设备只有手机	手机没信号、手机没电	通信设备不良
16	36. 天气温度过高容易出汗，防止中暑；37. 山地徒步中常见到着凉感冒的成员	气温过高、气温过低	气温影响
17	38. 山地环境中温度变化不同平常，但是队员会忽视低温的影响	气温变化过快不适应	天气突变
18	39. 山地路线中存在着斜坡较难行走，时间长脚容易受伤；40. 海拔升高山路不适	路线不平，路线不适应	非铺装路线
19	41. 路线中存在多条小道，容易迷路；42. 曾经路线临时关闭，出现过临时更改路线而出现问题	迷路、线路临时关闭	路线混乱迷路
20	43. 山体滑落石块，存在安全隐患；44. 虽未下雨，但是部分路段有点湿滑，容易摔倒；45. 雪地下的路线更难走	山体落石、路滑	落石路滑
21	46. 组织活动中的安全条件考虑不充分，应急预案不完整	安全预案凭经验	预案不足
22	47. 救援救助相关的制度不够，仅依靠蓝天救援	安全救助处理缺失	缺少制度要求
23	48. 组织活动相对灵活，部分环节不够严谨，签字环节缺失	制度落实不到位	组织实施不到位
24	49. 活动的安全监督大部分依靠我们组织者和有经验的参与者，其他形式的监督不常见	安全监督不系统	缺少系统监管
25	50. 山地徒步的路线信息并不是大家都知道的，知道的情况也不一样，哪儿有水，哪儿有坑，不是谁都知道	整体信息掌握不到位	成员掌握信息不一致
26	51. 通过微信群建立，发发消息，确认消息而已，没准备其他的通信渠道	彼此间沟通仅有微信群	沟通渠道单一

注：因是录音整理，部分存在病句，对原始句进行过适当调整

6.2.3.2 主轴编码

主轴编码是将初始概念化的内容进一步分析、归纳梳理，形成更具提炼性的范畴。实际上，主轴编码是将原本零散的概念梳理成系统化的编码体系[1]。本研究的主轴编码是将 51 个关键点所形成的 26 个初始概念进行进一步归纳，提炼出更高水平的范畴。主轴编码是将开放性编码所形成的初始范畴进行深化的过程，进一步归纳以得到更高抽象水平的范畴。其主要任务是发现和构建范畴之间的各种联系，包括因果关系、时间关系、先后关系、情境关系、相似关系等[2]。本研究依据扎根理论的主轴编码分析方法，遵循"因果条件—现象—中介条件—行动—结果"的典范分析模式，将分散的编码体系进行关联化[3]。在分析中，当设想好范畴之间存在某种关系后，需要利用相关资料来验证是否支持这些想法[4]。主轴编码在形成进一步的范畴提炼过程中，同时要回顾原始资料，结合原始资料中的相关内容进行综合性的分析和提炼，使得主轴内涵更具凝聚力和集中性，同时具有良好的表述性。本研究对 26 个范畴进行进一步的提炼和凝聚，同时结合原始资料中的相关表述，形成 1 个主轴编码，见表 6-3，为下一步选择编码提供基础。主轴编码中的概念内涵相对对立，不存在包含或重复，为了区别相互之间的概念内涵，将对主轴编码进行多次比较。

6.2.3.3 选择编码

选择编码是寻求核心范畴的规程，通过对主范畴进行总结凝练探寻抽象的核心范畴，将核心范畴进行深入研究，分析其内在关联，并梳理出一条"故事线"，

[1] 黄谦，崔书琴，密思雨，等.中国足球职业联赛女性裁判员职业压力研究[J].成都体育学院学报，2021，47（4）：24-32.

[2] 陈向明.质的研究方法与社会科学研究[M].北京：教育科学出版社，2000：333-334.

[3] 邓茵.文献的民族志研究：文献民族志作为一种研究方法的可能性[J].西北大学学报（哲学社会科学版），2020，50（6）：57-63.

[4] 王进.基于扎根理论的中国马拉松赛事赞助市场影响因素研究[J].体育与科学，2021，42（1）：98-105.

将碎片化的概念有机关联的阶段[1]。选择编码作为更高水平抽象的聚焦过程，主要任务是在经过系统分析后形成核心范畴，能够将初始范畴和主范畴进行统领和概括，形成完整的知识框架。本研究通过进一步的分析与归纳形成了5个选择编码，见表6-3。

表6-3 山地徒步安全要素范畴提炼与编码

提炼范畴	主轴编码	选择编码
体能不足	体能	人因要素
老旧伤病	伤病	
安全意识差	重视	
危险性怯场	信心	
挑战新奇	猎奇	
经验不足	经验	
高原反应	适应	
相互不认识	人际	
鞋子磨脚	鞋服	装备要素
衣服不适		
眼睛风吹不适	附件	
手杖磨手		
水壶过小	包壶	
背包不适		
通信设备不良	通信	
气温影响	天气	环境要素
天气突变		
非铺装路线	地质	
路线混乱迷路		
落石路滑	突发	
预案不足	制度	组织要素
缺少制度要求		
组织实施不到位	执行	
缺少系统监管	监管	
成员信息不一致	共享	信息要素
信息渠道单一		

[1] 桂天晗，钟玮. 突发公共卫生事件中风险沟通的实践路径 [J]. 公共管理学报，2021.7（18）：113–124+174.

通过对主范畴的分析，结合资料回溯、对比，形成山地徒步安全要素这一核心范畴。根据核心范畴与主范畴的结构关系，梳理了以山地徒步安全要素为"故事线"的各范畴之间的关系结构。据此，通过初始范畴、主范畴、核心范畴的进一步分析，在厘定范畴之间逻辑关系的基础上，构建出山地徒步安全要素理论阐释模型，见图6-2。

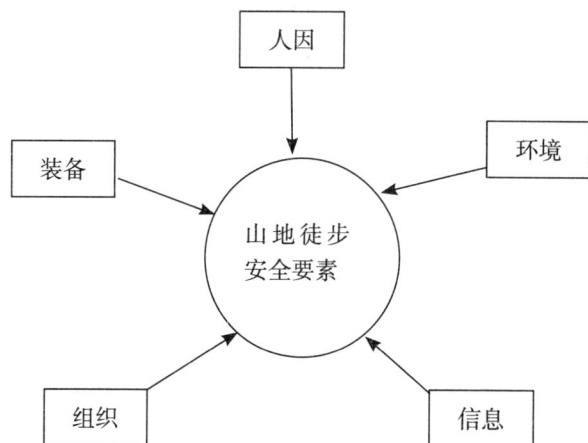

图6-2 山地徒步安全要素理论阐释模型

6.2.3.4 理论饱和度检验

理论饱和度是停止编码的评判标准，即不能再获得额外的数据以使研究者发现新的范畴，或者即使可以发现新的变量，但是进一步的资料收集和分析几乎对概念化没有新的贡献[1]。通常理论饱和被定义为通过判定的方式针对理论抽样结果进行分析，当不能产生新的理论见解时被判定为理论充分[2]。当访谈、编码持续到第22位山地徒步组织者（参与者）时，发现编码分析和主要范畴提炼及它们之间的关系基本达到饱和，可以终止访谈，进行资料分析和归纳。据此，本研究认为依据扎根理论，达到理论饱和形成检验要求。

[1] 朱丽叶·M．科宾，安塞尔姆·L．施特劳斯.质性研究的基础形成扎根理论的程序与方法[M].朱光明，译．重庆：重庆大学出版社，2015，275–276.

[2] DEYI.Grounding grounded theory[M].Dan Diego：Academic Press，1999：580–581.

6.2.3.5 山地徒步安全要素

通过前文对山地徒步活动中的安全事故分析，以及通过扎根理论对山地徒步安全要素的探讨，将对人因、装备、环境、组织和信息进行阐述，做进一步解读，鉴于前文中的相关论述，仅对部分要素做出分析和探讨。其一，人因。实际上山地徒步活动中安全要素的核心就是人的要素。除了心理、思想意识等内因外，还存在体能、人际、适应等方面的客观因素。值得注意的是，怯场心理往往在组织活动中较为常见，例如，访谈中有提到，因海拔升高、运动强度增大导致参与者不适应，想放弃参与的情况。实际上，山地徒步相较普通体育项目而言时间线较长，如篮球、足球等项目两个小时左右基本完成，然而山地徒步往往不会少于两个小时，就一般路线而言也得四五个小时，甚至持续十几个小时的线路也大受欢迎。这里就存在一个现实的问题，往往因工作时间的限制，山地徒步活动基本集中于周末大段时间进行，加上平时缺少必要的锻炼或者体能储备，山地徒步便成为检验参与者体能状况的一种考验，而非发展参与者体能的锻炼形式。那么，山地徒步怎样安全参与其中呢？这就使参与者陷入了两难选择。一方面山地徒步吸引着众多的参与者，参与者也热爱走进大自然、走进森林、走向高山、拥抱自由。另一方面参与者又受到自身体能或思想等自身要素的限制，难以迈开走进自然的第一步，这一矛盾的克服值得进一步关注。其二，装备要素。众多的户外运动品牌为参与者提供了较多的选择空间。就徒步手杖而言，除了质量和品牌之外，手杖的使用仍是重要的关注要素。实际上，在坡度较大的路段，使用手杖能够减少腿部承重，增加徒步的乐趣，减少负担。根据研究，行走时使用登山杖可以减轻至少22%施予腿部和膝盖等肌肉关节的压力，让腿部感觉更舒服。而同时使用两支登山杖能够提供较好的平衡性。在找不到树干时，它还可以用做防水布搭建雨棚的支杆。但是手掌腕带的使用却成为另外一个要素。在实际访谈中，有受访者提到腕带对手的磨损，同时手部出汗影响抓握，存在安全隐患。事实上，装备要素也是值得关注的重要安全要素。山地徒步的装备因素中最为重要的就是鞋子。徒步鞋的合适与否直接影响着参与者的体验，尤其在众多的鞋子品牌中，如何选择适合自己的徒步鞋就成为参与者相对消费脑力的事情。耐用性、透气性、舒适性和科技性成为选择徒步鞋的参考指标。爬过山的人都了解，在爬山或走长路时，如果鞋底过软往往会造成小腿过度疲劳。而且对于布满碎石的路面或凹凸不平的岩石，鞋底的刚性和硬度可以起到关键的保护作用。虽然说徒步鞋对于山地徒步具有重要的意义，是不可忽视的重要因素，但是从时间发展的角度考虑，徒步鞋是不是仍然具有重要的意义呢？历史上同样登临名山大川的不同时代的人们是不是都在关注着徒步鞋的各种指标呢？显然，宋朝人的装备质量不能与现代人的装备质量相提并论，但是，草鞋竹杖并没有影响宋代苏轼的潇洒与悠闲，仍然以"也无风雨也无晴"的态度应对着生活工作中的种种起起伏伏。实际上，徒步鞋虽然重要，但是徒步参与者的主体才是应该关注的焦点。其三，信息因素。山地徒步活动中的信息因素不仅是安全的保障，也是人际发展的重要因素。尤其在社会资本的视域下信息的重要性不言而喻。调查中发现，通过微信群建立沟通虽然具有一定的信息分享性和促进性，但是微信群也具有一定的集体性和公共性，因此对于成员之间的人际促进不一定具有积极意义。因为，山地徒步的参与者很多情况下是通过网络渠道建立的，而且彼此之间沟通不足，但是与组织者之间的沟通是较为到位的。这就是调查中有组织者强调一个群里的成员更愿意通过私信询问自己相关情况，而不是在微信群里公开询问相关情况，而且突出明确，大部分微信群成员不愿意公开询问的原因在于不想给组织者带来不便。事实上，私信处理与公信处理对于组织者而言所消耗的时间和能量并无二致。需要强调的是，以俱乐部、康养活动、微信户外群等形式招徕旅游者，未经许可经营旅行社业务、未经许可通过互联网开展招来旅游者属于违法违规经营行为。微信渠道的沟通虽然具有一定的公共性，但却在手机或信号受到影响时，演变成很大的安全隐患。值得我们注意的是，微信群的建立对于参与过程中的沟通具有积极意义，但是，活动结束并不意味着微信群的消逝，实际上，微信群的存在既为参与者之间的沟通建立长久的沟通基础，也为社会资本的生成和积累创造了可能。网络社群的建立对体育运动参与的影响值得我们进一步关注和探讨。

6.3 山地徒步中的自甘风险与安全保障义务

6.3.1 自甘风险

2020年5月28日，第十三届全国人大第三次会议表决通过了《中华人民共和国民法典》，2021年1月1日起实施。其中第一千一百七十六条规定"自愿参加具有一定风险的文体活动，因其他参加者的行为受到损害的，受害人不得请求其他参加者承担侵权责任；但是，其他参加者对损害的发生有故意或者重大过失的除外"。简言之，在自愿参与的文体活动中自甘风险。这是我国法律对自甘风险的首次规定。其中的文体活动，应是文化体育活动的简称。这就意味着自甘风险对体育活动的适用性。实际上，体育活动常常因竞争与对抗存在不同程度的伤害，运动损伤或伤害的出现并不意味着过失侵权的发生。体育活动的内涵和范围应该包括所有体育项目以及不同类型的体育形式，如竞技体育和社会体育。值得注意的是，竞技体育的伤害往往通过商业合同进行认定和规范处理，社会体育领域的休闲性、娱乐性和社交性体育活动也常常会因活动风险而带来伤害。因此，体育活动的范围宜扩大处理，毕竟除了体育的本质属性规定之外，还对文化活动的更大范围进行了边界拓展。这也是《民法典》中使用文体活动这一概念的精妙之处，为活动的外延提供较为宽泛的边界。事实上，其为组织者的免责提供了较大空间，也为文体活动自身的发展创造了法律层面上的更多可能。

司法实践中，组织者虽然尽到了安全保障义务，仍然需要对安全事故造成的后果进行适当的赔偿，以体现一种公平责任，这是《民法典》之前的司法结果，组织者虽然尽到了合理范围内的安全保障义务，而且对事故后果没有相应的责任，但是仍要进行适当的赔偿。在我国司法实践中法院之所以倾向于公平责任原则，与民法的范式有关。民事责任以受害人为中心，它关心的重点不是行为人做了什么，而是受害人遭受的损失有多少。当风险发生的时候，只要有明确的损失，判决往往会倾向于保护受害人，因为民事责任侧重于对受害人的补救[1]。在社会保障、保险这些用来转移风险的制度不完备的情况下，法律又没有对自甘风险做出明确的规定，尽管被告可能是完全无辜的，但法院也可能判决将风险在当事人之间进行分配[2]。很显然，这种对公平责任的过度使用不利于体育的发展。因此，体育实践发展要求了自甘风险。

自甘风险原则的构成要件一般包括活动带有可以预见的危险性，而且是为了获得某种利益而面临的危险，损害是不可避免的，在这些条件满足的情况下，适用于自甘风险原则。另外，有学者强调了自甘风险的构成要件：明知风险、自愿参与、固有风险和无故意及重大过失[3]。也有学者指出，风险、自愿及行为人非故意或重大过失，并强调了体育活动的风险应当理解为固有风险，对固有风险范围的确定应结合体育活动的"场地界限"要件，排除外来风险，并且确立"参与

[1] 韩勇.《民法典》中的体育自甘风险 [J]. 体育与科学，2020，7（41）：13–26.
[2] 周斯佳. 坏运气与民事责任 [J]. 南京大学法律评论，2016（1）：173–183.
[3] 韩勇.《民法典》中的体育自甘风险 [J]. 体育与科学，2020，7（41）：13–26.

人所凑发"要件，排除非参与人行为凑发的风险 [1]。鉴于前文的论述，自愿、非故意和重大过失等构成要件将不做陈述，对风险、体育固有风险进行简要论述。

由于体育项目的不同，其固有风险有着实质性的区别。随着《体育法》中明确国家建立体育项目制度的推进，不同体育项目的固有风险值得关注。山地徒步活动中可能存在的固有风险包括滑倒、跌倒、落石、失温、冻伤、划伤、刺伤，以及中暑、体能耗竭、心脏疾病等。在登山死亡案例中，登山过程中因受害人出现身体不适情况，在下山过程中昏迷并因热衰竭（中暑）抢救不及时死亡，法院认定死亡的最主要原因是户外运动固有风险（无法及时救护）与受害人的特殊体质，因此绝大部分责任应由其自身承担 [2]。在解释上，在体育活动的固有风险无法列举穷尽的前提下，应通过递进的方式界定固有风险的具体范围。（1）体育活动的风险应以体育活动场地为地域界限，即固有风险的"场地界限"；（2）体育活动的风险应为其他参与人"凑发"的风险，即固有风险的"参与人所凑发"条件。山地徒步活动的场地界限实际上是较为宽泛的。因此，组织者对于活动路线的明确更应规范，仅仅以传统铺装线路是很难界定山地徒步的"场地"的。那么，在开放环境，而且没有铺装道路的地方中，场地的概念内涵就较为模糊了。不像篮球、足球等项目，具有明确的场地界限，实际上，在足球运动中球员为将足球拦截在比赛场地范围内，其飞身拦截导致对方运动员受伤，尽管双方都已经飞出比赛场地界线外，但由于该风险依然发生在双方进行体育活动的范围内，亦应该认定为该体育活动的固有风险 [3]。那么，在山地徒步中的场地界限实际上就是在明知风险的基础上加以确定的。另外，有人凑发实际上就是人因。山地徒步活动中

[1]　刘铁光，黄志豪.《民法典》体育活动自甘风险制度构成要件的认定规则 [J]. 北京体育大学学报，2021，44（2）：32–40.

[2]　嘉兴市南湖区人民法院. 刘某、陈某乙等与陈崎生命权、健康权、身体权纠纷一审民事判决书 [Z].（2015）嘉南民初字第 285 号.

[3]　刘铁光，黄志豪.《民法典》体育活动自甘风险制度构成要件的认定规则 [J]. 北京体育大学学报，2021，44（2）：32–40.

的参与者均能成为凑发人因，但是组织的安全保障义务是否尽到合理范围则是其基础。这就要求从人因角度加强组织者的安全保障义务以及明确其合理范围，相关内容前文已做论述。但是，从宏观视角来看，除了法律意义上的合理范围外，加强组织管理、促进安全保障义务仍是促进山地徒步活动发展的重要内容。

6.3.2 安全保障义务的促进

首先，完善相关法律法规、政策制度，增强组织者的法律意识和责任。体育领域的法规政策，如《体育法》《全民健身条例》等，不能够满足现实需要的情况下，必须尽快修订并完善相关法律法规，尤其是户外运动领域的安全事故法律责任问题需要有法可依。户外运动侵权纠纷案的判决依据多是《民法总则》《旅游法》《合同法》等，而《体育法》在户外运动侵权纠纷中几乎没有援引。同时，户外运动的发展不断扩大着高危险性体育项目的范围，对高危性体育项目的界定应进一步修订和完善。应在《体育场所开放条件与技术要求总则》的基础上发布第二批高危险性体育项目目录公告。实际上，从第一批高危险性体育项目目录公布至今已快十年的时间了。尤其山地徒步虽然不是危险性较高的项目，但是其运动中的安全事故却是不能忽视的。《体育法》中也明确了国家建立体育项目管理制度，新设体育项目由国务院体育行政部门认定，体育项目目录每四年公布一次，这对体育的发展具有积极作用。加强职业资格制度下的继续教育力度和阶段性学习跟进，尤其是针对户外运动伤害责任事故的法律责任，建立定期性专题教育，从而扩大从业者的法律储备，增强法律意识和责任。法律意识和责任的增强是确保组织者安全保障义务的基础。实际上，高山向导除了由中登协认定之外，地方登山协会，例如四场登协、西藏登山学校同样可以认定。社会体育指导员系列的资格认证目前是初级山地户外指导员由国家体育总局职业技能鉴定指导中心、国家体育总局登山运动管理中心、中国登山协会共同认定。虽然山地运动、户外运动等交叉式的资格认证法序列中，参差不齐，存在差异，但是对于促进户外运动发展具有积极意义，是走向规范化的必经之路。然而，认证后的继续教育和年度注册等环节和制度却是仍然需要进一步规范和明确的。值得注意的是，现实中的山地徒步组织者不仅具有山地户外指导员资格，同时还需要拥有现场急救资质、体能教练员资质等多方面的资格认证，相应的继续教育和培训也是值得关注的内容。综上所述，政策制度和现行的职业资格规范均是促进组织者安全保障义务的重要基础。

其次，加强户外运动管理体制改革，促进行业管理水平。目前，大多数省市体育相关主管部门缺少对户外运动组织机构的行政处罚权力，仅仅依靠监督检查是难以提升管理质量和绩效的，尤其是依托网络发起的自甘风险的户外运动活动，其监督检查更是无从谈起。值得注意的是，针对一些个人和组织的互联网、微信端的旅游业务，有关部门也发出"警惕"信号："一定要警惕和远离个人或组织以'网络论坛''户外活动''微信公众号'等方式从事的旅游业务，此类个人或组织不具备旅行社主体资格，从事旅行社业务属于违法经营，旅游者参团旅游一定要多留心，仔细甄别，以免权益受损后难以维权。"为了加强户外运动项目的安全和健康发展，以权责对等的原则，体育行政部门应该收归相应的行政处罚权。户外运动的发展很大一部分是由非经营性组织机构开展的，正是这种自甘风险的活动极大地促进了行业的发展，也促进了其产业化程度的提高。但因种种不规范、不标准的程序和操作，却又埋下了安全隐患，进而牵制了行业的质量提升。仅有规模的发展是不够的，必须从质量上提升，使户外运动走上安全、健康的发展道路。加强行业管理是减少组织者过错，确保安全保障义务的重要内容。另外，需要强调的是，加强山地徒步的管理，减少对环境的影响，如所谓的环境最小冲击法更值得关注。自 20 世纪 70 年代起，美国政府管理部门开始与专业人士、民间团体合作，共同推行"无痕"的旅行观念，并逐渐形成七大户外行为准则，让喜爱户外活动的公众在享受自然生态之美的同时，减少因活动对自然环境、野生动植物及其他使用者所造成的冲击。例如，事前充分的计划与准备、在可耐受地面上行走和宿营、妥善处理垃圾、保持自然风貌、注意野外用火、保护野生植物、考虑其他户外活动者。实际上，《体育总局关于进一步加强户外运动项目赛事活动监督管理的通知》中明确规定："保护生态环境和自然文化遗产，不得破坏环境卫生，不得污染水源，不得采摘珍稀野生植物，不得捕杀野生动物，不得毁坏草原，不得毁损历史文物古迹、地质遗迹等。"[1] 综上所述，山地徒步对环境的保护必须依赖于管理的提升。

再次，严格户外运动组织机构的认证注册管理制度，提升行业管理能力。早在 2009 年中国登山协会就下发了《中国登山协会关于登山户外运动俱乐部及相关从业机构资质认证标准》，对登山户外运动俱乐部及相关从业机构进行行业资质评定。《经营高危险性体育项目许可管理办法》中明确规定了经营性机构中从业人员的职业资格和数量。从业人员的职业资格认证制度已经较为成熟，并获得了一定的社会认知度和权威性。2010 年中国登山协会下发了《中国登山协会登山户外运动俱乐部管理办法（试行）》，对俱乐部进行注册和等级评定工作。但是认证注册以自愿申报为原则。有证据显示：各类户外运动协会组织、户外运动俱乐部等发展迅速，带动户外运动参与人数不断增加，截至 2021 年底，全国户外运动参与人数已超过 4 亿人 [2]。在高速发展的背景下，户外运动组织的规范必须

[1] 国家体育总局.体育总局关于进一步加强户外运动项目赛事活动监督管理的通知 [J]. 中华人民共和国国务院公报 ,2022(17)：62-64.

[2] 国家体育总局 发展改革委 工业和信息化部 自然资源部 住房和城乡建设部 文化和旅游部 林草局 国铁集团关于印发《户外运动产业发展规划（2022—2025 年）》的通知 [J]. 城市规划通讯 ,2022(22)：19-20.

依靠认证注册制度的完善。应将认证注册制度由自愿原则向规范化、标准化，乃至强制化发展，这也是户外运动组织安全管理发展成熟的标志。

最后，建立公示制度并加强户外运动及高危险性体育项目的监管力度。通过体育主管部门公示所辖领域的户外运动组织安全情况，为参与者提供官方权威的数据信息，增强参与者的信心。实际上，登山运动管理中心组织的"十佳俱乐部"和"示范俱乐部"的申报与评选，已成为促进俱乐部之间有力竞争的手段，对于促进户外运动发展，为参与者提供良好的服务和产品起到了良好的作用，对全面带动我国登山户外运动俱乐部的健康、稳步、有序发展起到了积极的示范和带头作用。同时，公示意味着行业之间的评比和排序，这不仅能够进一步促进组织者之间的竞争和自身的发展，而且能够对整体环境的净化起到积极的促进作用。尤其是基于网络信息技术的公示，不仅对于俱乐部自身的发展具有重要的意义，起码要确保自身的条件和实力能够向社会展示，而且在无形中加强了社会对俱乐部自身的监督，社会监督的形成和建立无疑基于俱乐部相关信息的公开。事实上，按照《中国登山协会登山户外运动俱乐部管理办法》的规定，3A 级俱乐部需具有专业技术人员，包括 2 名以上高级、6 名以上中级、2 名以上初级技术人员（要具备攀岩社会体育指导员、户外运动指导员、高山向导、拓展指导员、营地指导员、山地救援技术人员）和 2 名以上初级急救救护人员（持国家或国际机构颁发的有效资质），这使得参与者对俱乐部的认同显然具有积极作用。公示能够借助网络信息技术加强相关组织（经营性组织或非营利性俱乐部等）信息平台的建设，基于网络的信息发展必将加大加强户外运动相关知识信息的传播和宣传，而这本身就是一种知识普及教育。

第7章 山地徒步发展的策略性思考

7.1 休闲与竞技：体育项目发展的核心

山地徒步作为体育项目不仅具有一般体育项目的特征，而且具有自身的特色。山地徒步的发展既要与旅游活动充分融合、拓展相关内容，更要突出自身的特色，尤其是体育的竞技性不能在发展中丢失。体育活动的组织形式多种多样，其中体育的竞技性多通过赛事活动的开展得以展现。故此，山地徒步的发展依然需要通过赛事活动进一步扩大。但是，山地徒步的休闲性和竞技性怎样通过赛事活动而得以统一就成为重要的问题。实际上，山地徒步的休闲性体现了项目自身的某些特点，是人们参与山地徒步、领略山地风光、亲近自然的基础，但是缺少了竞技性会使山地徒步渐渐失去体育特色，或者竞技性的设置或界定是不是引用传统的"锦标"主义或"金牌"主义来注解呢？所谓锦标主义，是指体育竞赛中所表现的以夺得锦标为唯一目的的一种错误思想，也泛指那些过分看重比赛胜负的意识行为。显然，竞技性并不能应用传统的锦标主义进行界定和解读，而应该从休闲体育的特性和体育精神的内涵上进行解读，对山地徒步的竞技性进行分析，进而对赛事的建构提供可能和概念基础。

7.1.1 山地徒步的休闲性

休闲性是山地徒步的重要特性和构成元素，但是在徒步开展过程中，不能仅仅体现其休闲性却忽视其竞技性。山地徒步的体育属性才是确保其成为体育项目且能够通过实现诸多体育功能和价值的基础。只有在山地徒步开展过程中充分表达体育的属性，才能够保障山地徒步发展的本质属性。如果山地徒步在其发展过程中偏离了其本质，不仅会造成很多认识、参与上的误区，而且会造成山地徒步发展的滞后甚至衰退。实际上，在休闲体育的发展过程中，由于对休闲体育认识上的片面和偏差，已经造成了当前休闲体育发展的诸多问题。例如，在开展形式或者项目选择上的误区，导致休闲体育项目发展混乱之状态，如钓鱼等活动被认为是休闲体育项目。再如，在参与的价值选择上存在误区，导致参与者热情不高，影响持续发展的效果。追求快乐的价值选择应该得到适当的引导或者纠正。休闲体育是指在相对自由的社会生活环境和条件下，人们自愿选择并从事的各种形式的体育活动的统称，它是体育的一种社会现象，也是体育的一种存在形态，是社会休闲活动的主要方式之一 [1]。休闲体育作为社会体育的下位概念，其主要的特征表现为参与者的目的和参与时间。参与目的主要表现为调节情志、愉悦心性，是一种主动性的参与，参与时间多以工作之余的闲暇时间为主。但是休闲体育毕竟是体育的构成内容，其参与过程必然表现着体育核心的精神和价值取向，然而在当前的发展形势下，休闲体育参与过程中出现了诸多误区。

首先，新兴项目蓬勃发展，开展形式缺少甄别。随着现代科学技术的发展，电子竞技类活动因其竞技性和益智性被很多学者误认为是休闲体育开展的新兴形

---

[1] 卢锋 . 休闲体育概念的辨析 [J]. 成都体育学院学报，2004，5（30）：32–34.

式，这类以"久坐"为主要身体表现特征的项目形式与棋牌、钓鱼等，在很大程度上误导了休闲体育参与者。如果把休闲作为一种生活方式或者存在形式，那么将这类缺少肢体活动的项目划归到休闲活动之列并无不可，只是如将此类划归到体育领域、休闲体育领域，不仅容易造成认识上的混乱，还会造成对体育的误解。因为此类活动根本不属于体育，何以成为休闲体育呢？难道休闲体育不属于体育的范畴吗？休闲体育在项目的甄别和选择上需要权威学术机构或者团体给予明确的界定和规范，然而关于此话题目前尚未有定论。基于此，山地徒步如果过分强调休闲性而缺少对体育属性的概括，容易使其进入误区。

其次，过分注重心理体验，忽视身体变化。体育的休闲性在一定程度上能够起到陶冶情操、愉悦心灵的作用，但是能够起到此种作用的活动形式并不一定是休闲体育。休闲体育能够对参与者起到一定的健身健心作用，这种健心作用，或者是心理体验，是建立在健身的基础上的，也是休闲体育反映体育之本质的关键。若是休闲体育弱化或者失去健身的功能和意义，其所谓的健心也就成了空中楼阁。休闲体育参与过程中不能仅仅注重开心、快乐等心理体验，其过程应是充满挑战的，甚至是"痛苦"的。休闲针对的是参与者的时间维度，体育则突出参与者的内容选择，不能够以参与者的心理体验而淡化甚至忽视参与者身体、体质方面的锻炼效果。山地徒步的参与过程中实际上运动量较大，身体参与明显，而且参与者的心理体验也是不能忽视的。

最后，参与价值取向单一，体育核心精神缺失。如果大多数参与者将休闲性体育参与作为打发时间的"良好"选择，只能反映出参与者的肤浅和对体育价值的漠视；如果将休闲性体育参与作为"良好"的交际方式，虽不能够定义为"肤浅"，但在一定程度上却可以看到：休闲性体育参与的体育精神之缺失。在一定程度上健身功能能够刺激参与者产生继续坚持锻炼的可能，但是如果缺少精神力量的支撑，参与者的活动情况可能会间断或是中断，甚至放弃。虽然休闲性体育参与应该表现出一定的健身功能和意义，但是由于缺少对体育精神的体会、体验，参与者的状态可能会伴随其"交际"需要的满足而放弃，或是满足于非体育精神的体验而改变其参与状态。类似这种休闲性体育参与实际上不属于完全的参与，身体技术技能方面的变化是基础的，其关键核心在于对体育精神的表达和传递。这种体育精神的表达与传递并不是简单的一种心理描述，而是建立在体能技能得到维持或是改变的基础上的，是较之"娱乐、社交"而言，更为深层次的精神感受和体验，这种体育精神的感受和体验更多面对的是"自己"，参与个体感受最为深切的就是对自己的认知、预期、肯定、自信等，其实质就是追求卓越的自我发展，就是通过休闲性体育参与（一种余暇时间内积极主动的参与）对自己进行重新认知、建立预期、自我肯定、自我完善的心理过程。这种过程一旦建立，其效益是长久的，参与者体验更多的是充满自信的自我表达。在这种基础上，才有可能将休闲体育"内化"为一种存在形式、一种生活方式。

综上所述，休闲性体育参与应该是参与者自愿主动的一种积极参与，这种过程不但要求体能、技能的维持或改变，还要表达、传递一种体育精神，这种体育精神就是追求卓越。因参与者个体存在差异，在某一程度上保持或改善体能技能就意味着参与者对追求卓越之体育精神的感受和体验。实际上，在山地徒步中的体育精神实际上也是竞技性的一种体现。

7.1.2 山地徒步中的竞技性

"胸怀大局、自信开放、迎难而上、追求卓越、共创未来的北京冬奥精神，在建设体育强国的新征程上凝聚起澎湃的体育力量。"[1] 随着冬奥会的胜利举办，追求卓越成为体育精神和竞技性的最好注解。追求卓越作为一种精神品质，不一定属于体育，但是体育能够将"追求卓越"这种精神品质演绎得更加充分，或是通过体育感受"追求卓越"更为直接、更为深刻、更为有效。这在很大程度上已经将"追求卓越"转化为一种体育精神。作为体育精神的"追求卓越"，并不是只属于站在竞技舞台最高处的"冠军"，而是人人都可以体会和感受到的，是人人都可以通过努力和奋斗拥有的一种精神品质。其实质就是参与者不断要求自己进步、不断改进、完善自我的发展过程，这种过程主要通过体育手段得以实现。追求卓越作为一种体育精神通常有以下表现：

其一，追求卓越体现着参与者的积极和主动。作为体育参与者，积极主动主要是指参与者能够合理安排时间参与其中。就时间的效益而言，这样选择和安排并不意味着多么大的"价值"，但是参与者依然能够将体育安排进存在诸多选择的生活之中，这本身就意味着卓越的开始。积极主动的更多含义在于对体育精神的预期，这种预期是依靠合理的体育知识结构和体育价值观来建立的。当然这种预期并不是纯心理意义上的，还包含着对体能和技能的期望，实际上，通过体育参与，体能和技能的发展或者维持是保障参与者积极主动的客观条件。如果失去了客观条件，只谈心理预期是不全面的，是不能够解释为什么参与者时断时续、断断续续的参与，却难窥门径。同样，只具备客观条件是不够的，还需要创造主观条件。追求卓越恰是对主观条件最好的注解。

其二，追求卓越反映着参与者的执着和热爱。在体育参与过程中难免会出现挫折、遇到失败，即使如此仍能够坚持最初的选择，需要参与者更大的执着和热爱，其实质就是锲而不舍，这就是追求卓越的重要内容和体现。追求卓越不仅仅

---

[1] 葛会忠. 体育精神绽放时代光辉凝聚奋进力量 [N]. 中国体育报，2022-9-23.

属于竞技领域的"冠军"，在全民健身领域、学校体育、休闲体育等诸多形式中都存在着一种对体育的热爱和执着，都可以不断超越自己、追求更大的成绩，挑战更大的目标，这难道不是对卓越的一种追求吗？回答是肯定的，因为它们共同反映着参与个体在体育参与中锲而不舍、努力奋斗的精神，这种精神就是追求卓越。

其三，追求卓越表达着参与者的自信和勇气。追求卓越更深层次地解读就是参与者能够在体育参与过程中建立自信心，能够具有勇气面对更大的变化和挑战，对于建立自信者而言，体育已不仅仅是维持发展体能技能的手段和活动，很大程度上，体育已经成为参与者表达自己、展现自信的活动过程，同时也是赢得尊严的途径。这就意味着追求卓越已经成为参与者的表达符号，参与者的整个活动过程就是传递这种体育精神的过程。

综上所述，山地徒步活动中相关线路的完成实际上也是追求卓越的一种体现，这种过程中所蕴含的体育精神是可以不断传播开来的，同时也是建立社会网络的重要基础和内容。

7.1.3 山地徒步参与中的休闲性和竞技性融合

首先，山地徒步参与中的休闲性和追求卓越的竞技性在参与者的价值选择上是契合的，两者共同体现出积极主动的卓越品质。休闲是从文化缓解和外在压力中解脱出来的一种相对自由的生活，它使个体能够以自己所喜爱的、本能的、感到有价值的方式在内心之爱的驱动下行动，并为信仰奠定基础 [1]。价值选择体现着参与者对自身的评价和预期，余暇时间的自主选择恰恰能够反映出参与者真正的属于自己的"决定"，这种价值选择不仅体现出一种主动性，一种积极参与实

[1]　杰弗瑞·戈比.你生命中的休闲[M].昆明：云南人民出版社，2000：14.

践改变个体的主动性，而且同时也是追求卓越的价值起点，它们本身具有统一性，只是休闲体育参与的"闲暇性"将追求卓越的精神品质"让渡"给了竞技赛场。其实，真正的卓越首先要表达属于参与个体的真实意愿，也就是参与者的价值起点是自己给定的，只有参与者自己选择了休闲体育，才能够与追求卓越品质体验建立契合的可能。休闲体育与其他形式的体育相比较而言，参与者的主动性是最强的，这是由参与者在自主个体时间、属于自己的闲暇时间，对这一参与形式给予决定的。但是，休闲性体育参与者在某种程度上存在一定的"被动性"，所谓被动就是指参与休闲体育的目的不在于发展个体身心，而在于健身、健心之外的其他的目的。例如，不包括健身、健心意义的社会交际，非体育意义的情感发泄等等。但是，谁又愿意将属于自己的"闲暇"交付"被动"呢？掌握自己的生命存在形式是每一成熟个体的基本特性，也就是说这种"被动参与"具有一定的相对性，甚至是一种主动参与前的"假设体验"，这种"被动参与"往往给予了参与个体主宰"命运"的机会和选择。为更进一步的主动参与奠定了价值选择上的基础，也就是"被动参与"给予了参与者积极主动做回自己的"反面体验"，也终将促使其走上积极主动的参与途径，除非"被动参与者"放弃，即便是放弃参与也意味着这种需要主动参与的体育形式—休闲体育在甄别、在选择、在历练属于它的"参与者"。

其次，休闲性体育参与和追求卓越在精神品质的建立与塑造方面是契合的，两者在本质上要求参与者不断追求进步、超越自己。如果说追求卓越在竞技体育领域的体验和感受更为直观和深切的话，那么可以判断对追求卓越也存在一定的片面性，追求卓越不仅仅是打败对手，相反，竞技赛场上的失败者难道就没有卓越的一面吗？所以追求卓越在更大程度上意味着打败自己，也就是参与者自己不断要求进步的一种发展和超越。这种超越往往体现在一种锲而不舍的参与上，只有参与才能够实现这种超越，也就是说只有实践能够掌握真理，真理在于实践。追求卓越对于休闲体育参与而言就是参与者在体能、技能上的发展和维持，就是参与者在不断的实践中发现自己、认识自己，直至改变自己。这就是超越自己的、不断要求进步的内涵解读。这种参与意味着对自己的改善和发展，也就是参与者对自己品质预期和价值期许的实践。

休闲性体育参与过程中虽然没有强烈的竞技性，也没有明显的对抗竞技，但是参与者在不断的技能和体能发展方面也会遇到困难、障碍或者其他问题。这就意味着参与过程不是顺畅的坦途，这种"起伏式"的参与过程必定会使参与者不断地考量、完善自己的精神品质。也就是说，追求的卓越不会自己产生，而是建立在体能和技能不断发展和维持的基础上的，这就意味着休闲性体育参与并不是一个快乐的过程，而是充满了一定的痛苦和磨难。因为追求卓越并不是快乐的过程，到处都是挑战和障碍；追求卓越同样也是快乐的过程，这种快乐是征服挑战后的自信和坚定，是突破障碍后的完善和发展。这种过程的精神表达不仅是文化的传递，也是体育精神的传播，更是"人化"的一种需求，休闲、休闲体育所关注的不就是"对人类命运前途的一种思考，是对几千年人类文化精神和价值体系发生断裂的现状做某些补救工作的一种努力，是试图对休闲与人生价值的思索，重新理清人的文化精神坐标，进而促进人的自省"[1]。

休闲性体育参与和追求卓越在参与者个体生命完善、体育文化发展角度是契合的，两者共同表达着健康向上的文化取向，共同演绎着参与者不断完善个体的文化现象。人的身心和谐发展以及人类文化的传承，都不可能脱离人类在各类活动中的身心和谐。体育是一项不直接产生任何物质成果的精神性活动，也是一种

---

[1] 马惠娣，刘耳. 西方休闲学研究述评 [J]. 自然辩证法研究，2001（5）：45–49.

对于人的自由全面发展具有积极意义的社会文化活动 [1]。当休闲体育参与由个体发展到群体、由形式发展到内涵，也就意味着对体育文化的发展起到了积极的意义，体育文化包含的内容较多，其中追求卓越就是其重要的一种文化表现。同样，休闲体育参与的群体化和内涵化也是对体育文化中追求卓越的文化表现，更是体育精神的社会化普及和发展。这种契合恰恰反映出：人们开始从注重心灵的惬意和轻快的休闲方式向注重身心一体的、充满着运动和刺激元素的体验型休闲方式转变。[2]

综上所述，追求卓越这种精神品质的获得不一定通过体育参与才能够实现，选择了休闲性体育就意味着走上追求卓越的道路，但是不一定意味着体验和领略追求卓越之风光。追求卓越需要参与者主动的选择，而不是过度分心于各种影响因素，需要参与者的更多付出和努力，甚至是放弃生活中的某些"选择"，而不是混迹于"交流感情""快乐分享"的妥协式论调之中，因为，休闲性体育本身就应该体现追求卓越之精神，这就能够解释为什么很多人打起背包，独自上山。

7.1.4 山地徒步的赛事建构

无论是促进体育发展的政策制度的频繁颁布，还是各级各类体育赛事的举办，都反映出人们对于体育的认识和参与正在发生着深刻的变化。作为社会体育领域重要的组成项目，山地户外运动不仅吸引着广大的参与人群，还为体育产业的发展贡献着明显的经济产值。《户外运动产业发展规划（2022—2025 年）》[3] 指出："我

---

[1] 易剑东.休闲体育三论：兼论中国当前休闲体育的几种倾向 [J].山东体育学院学报，2005，4（21）：12–15.

[2] 李相如.论我国休闲体育的发展方向 [J].体育文化导刊，2012，5（5）：12–15.

[3] 国家体育总局 发展改革委 工业和信息化部 自然资源部 住房和城乡建设部 文化和旅游部 林草局 国铁集团关于印发《户外运动产业发展规划（2022—2025 年）》的通知 [J]. 城市规划通讯,2022(22)：19-20.

国户外运动产业尚处于发展初期，市场潜力有待进一步释放，还存在一些短板和薄弱环节，自然资源向户外运动开放不够，户外运动装备器材便利化运输难题有待破解，户外运动专业人才缺乏、设施与产品有效供给不足、品牌影响力有待提升，必须通过深化改革、加强创新破解这些问题瓶颈，助力体育产业成为国民经济支柱性产业。"这标志着山地户外运动将成为未来体育发展的重要板块。地处中国腹地的秦岭山地以其特色鲜明的地缘优势每年吸引着大批户外运动参与者，如何把握当前的发展契机将秦岭山地资源优势进一步发挥，使秦岭山地户外运动成为当地体育发展的品牌项目，同时产生巨大的经济效益成为摆在我们面前的重要问题。经过几年的努力和探索，目前以秦岭山地为依托开展的户外运动项目，包括山地越野、登山攀岩、溯溪、漂流、山地自行车、山地马拉松等，大部分项目已发展成为国际赛事，并取得了相当可观的成绩。这些成绩与当地政府主推"山水秦岭、山地运动"，打造"中国秦岭山地体育经济圈"等系列活动是分不开的。当然，秦岭山地户外运动的发展也面临着诸多问题。例如环境保护问题、参与安全问题、品牌开发问题等等。当前相关的研究成果主要集中在以下3个方面：其一，侧重个别项目的开发和安全保障的研究，但缺少综合性的布局规划研究；其二，突出山地户外运动发展的经济价值之研究，但缺少协调性的本位研究，户外运动在追求发展规模的同时，不应偏离其促进体质健康发展的体育本质；其三，公共服务社会责任相关研究少有，如何建立灵活长效的服务机制，配合地域发展的整体规划和整体布局，又能够凸显体育之价值将成为重要的研究方向。秦岭山地户外运动的强力发展不仅是完善丝绸之路体育"横线"的基础，也是促进西安成都古蜀道"纵线"的保障。中共中央办公厅、国务院办公厅印发《关于构建更高水平的全民健身公共服务体系的意见》[1]指出：构建对接国家重大战略的空间

---

[1]　中共中央办公厅 国务院办公厅印发.中共中央办公厅 国务院办公厅印发《关于构建更高水平的全民健身公共服务体系的意见》[J].体育风尚,2022(8):3-14.

布局。沿太行山和京杭大运河、西安至成都、青藏公路打造"三纵"，沿丝绸之路、318 国道、长江、黄河沿线打造"四横"，构建户外运动"三纵四横"的空间布局。同时强调，支持依法利用林业生产用地建设森林步道、登山步道等健身设施。推进体育公园建设，推动体育公园向公众免费开放。在现有郊野公园、城市公园中因地制宜配建一定比例的健身设施。在符合相关法律法规、不破坏生态、不妨碍行洪和供水安全的前提下，支持利用山地森林、河流峡谷、草地荒漠等地貌，建设特色体育公园，在河道湖泊沿岸、滩地等地建设健身步道，并设立必要预警设施和标识。因此，在"三纵四横"全国山地户外运动的整体布局中，秦岭山地户外运动的发展意义不言而喻。基于此，本研究以山地徒步为例对其赛事的发展做出分析。

其一，在当前户外运动参与基数较大的情况下，经济效益却不明显，成为山地户外运动发展的主要矛盾。山地户外运动参与者的消费结构和与其服务供给者存在不相匹配的环节和情况，在消费结构引导和改善不明显的情况下，改革服务供给的结构和形成成为提升经济效益的重要选择。以秦岭山地户外运动的服务供给而言：在信息发布和媒体宣传角度上，存在服务供给的缺失。相关活动消息和信息缺少主管部门的监管和发布，只依赖生活平台和交流工具获取活动信息限制了大部分参与者，在一定程度上甚至不能够保障信息的有效性和真实性；另外，户外产品服务的销售机构在组织山地户外活动的同时又以产品的销售对象为主进行限制性参与，也使得相关信息传播较为单一，或者在消费之初就决定了经济效益能否提升。简言之，若能够以当地主管部门的平台发布山地户外运动活动消息，能够为改革服务供给提供更多的选择和可能。在服务形式和内容上，供给方的改革则是促进山地户外运动经济效益扩大的重要举措。当前除了山地活动引导、带队服务为主之外，相关的产品供给也亟须优化和创新。例如，在实地进山之前，参与者往往需要进行一段时间的体能恢复和训练，而与之相关的产品和服务基本上处于缺失状态。再者，在山地户外运动参与之后的效果分享和巩固阶段，缺少相应的产品创新。例如，通过参与平台发布相关的"经验"分享，加强参与者的认同感和归属感，扩大产品服务的持久效果，对于山地户外运动的持续发展具有积极作用。经济效益的追求应当将参与者的需求和山地户外运动特点相结合。在山地户外运动与旅游线路、景点结合式发展的过程中，如何将参与者与景点游览深度融合，已成为限制山地户外运动发展的新问题。以第一届全国大学生山地户外挑战赛（2017 年 7 月 21 日上午 9∶30 在汉中市留坝县举行，整个赛事为期 3 天）参与者为对象调查发现：就调查的全部参与者而言，有一种遗憾就是如此秀美的风景只能成为记忆。换言之，如果针对参与者提供摄影摄像、视频制作服务应该能够为参与者提供更多的产品和选择，现在却只是相关供给者在固定的位置，所谓景点给参与者拍照，而不是根据参与者的需要提供更多的选择。如果能将参与者和景点服务进行深度融合，一定能够为参与者提供更多的产品和服务。我们的建议是在参赛之处，或者报名之际，提供相关的服务说明，为参赛者提供全程和摄影摄像服务。而这里所谓的参赛者，完全可以扩大到山地户外运动的所有参与者。

其二，当前山地户外运动参与情况与体质发展、安全教育、环境保护协调发展的问题业已成为影响其发展的重要问题。山地户外运动发展火爆，参与者体质提升不明显，甚至发生危险和意外，需要协调好环境保护和深度参与之间的矛盾。如何引导和促进山地户外运动的基础性参与是任何地区发展都不能够回避的问题。参与者本身的体育素养、知识结构、安全意识等都是山地户外运动参与之前需要具备的。但是相关的素养基本上都是通过实践参与习得的，存在一定的时间差，这种素养上的滞后期导致了诸多问题的发生，也就意味着山地户外运动的发展应该将这种滞后期消除，或者为山地户外运动参与者提供进山之前的必要学习课程。近年来。山地户外运动的意外事故频发，单单依靠山地户外运动部门是很难解决的，只有社会多部门协同配合、有序合作才能缓解直至解决。随着《全民健身条例》的深入贯彻和执行，山地户外运动定能够向城市马拉松那样迎来火爆的发展胜景，当然也是当地政府通力合作的结果。实际上，山地户外运动的发展模式因行政管理的相对滞后，呈现出旅行社、社会团体、旅游团性质的商业性操作模式。各省级登山协会和俱乐部因业务差异和规定，无法为参与者提供较为全面的服务模式；或者各单位机构协作的模式尚处于理想构建状态，无法形成有效的合作模式。例如，对个别的网络论坛、地下俱乐部、非正式社团根本无法实施监控和管理，或者只有出现事故时才会发现还有如此的社会团体组织山地户外运动。诸如此类的问题和矛盾在一定时间内还会存在，也将影响着山地户外运动的发展，但是山地户外运动必将走上规范、合理的发展路径，是什么也不能够阻挡的。

其三，户外运动的季节性和时节性是较为明显的，秦岭山地资源丰富，不仅能开展适合夏季的所有户外项目，也能够开展属于冬季的冰雪项目，但是能够影响全国的品牌赛事则少有。从硬件角度而言，资源丰富，可发展的项目众多，但是，软件方面却存在相当多的问题和不足。当前户外运动发展对于软件的需求，实际上是对专业人才的渴求。否则，"守着金山去要饭"的故事又会在今天上演。打造品牌赛事和星级路线等特色发展、内涵发展路径已成为山地户外运动发展的重要内因。同时，在访谈户外俱乐部负责人、领队中得知：精品路线、品牌赛事的打造不仅面临着资金问题，专业人才的缺失和流动性也使得赛事面临诸多问题，或是无法运营，或是另立品牌。另外，户外运动专业人才在今后一段时间内仍然是制约山地户外运动发展的重要因素。

综上所述，健康中国背景下的体育发展之路，应是不以牺牲环境为代价的发展之路，而且是体育与环境协调发展的；应是不以博取经济效益而丧失参与基础或频发意外的发展模式，是在保障项目参与基础之上再去探究其经济价值和意义的。山地户外运动的发展应以不发生一场意外为其追求，在真正促进参与者"身心"发生变化的基础上，进而探究其产业化模式，对经济效益的追求大于体育本身就会发展成为经济发展的一种探索，而非体育本身。体育本质的发展是保障其经济效益的基础，"本末"应清晰而不动摇。总之，山地户外运动的发展总体上应体现其体育本质，是为特色之一。

7.2　美好生活：社会网络拓展与生活体育方式建构

党的十八大以来，习近平总书记在多个场合提到"美好生活"的概念，从其使用语境上看，涉及"五位一体"总体布局、"四个全面"战略布局、"四个自信"、军队国防建设、"一带一路"建设、世界科技强国建设、人类命运共同体建设等治国理政的新理念、新思想、新战略。[1]无论是从"美好生活"的目标内涵，还是"美好生活"的内容路径，都做出了重要论述。2017年10月18日，在党的十九大报告中，习近平总书记要求全党"永远把人民对美好生活的向往作为奋斗目标"[2]。"美好生活"业已成为社会各个领域发展的重要目标和方向。基于健康促进的全民健身运动和促进人民健康生活的健康中国之国家战略，同样以人民的美好生活之建设为发展目标和方向。诸多行动的背后是文化精神的力量在支撑，全民健身和健康中国的深入发展是离不开体育文化的，体育文化的发展和进步同

---

[1]　李磊.习近平的美好生活观论析[J].社会主义研究，2018，1（237）：1–8.

[2]　习近平.决胜全面建成小康社会　夺取新时代中国特色社会主义伟大胜利——在中国共产党第十九次全国代表大会上的报告[N].人民日报，2017–10–28.

样也满足着人们对美好生活的需求。尤其，基于生活需求发展而来的体育文化，更是在新时代环境下体现着人们对美好生活的向往和追求。那么生活体育文化的精神该如何界定呢？其内容又该如何构建呢？这已成为进一步促进生活体育文化发展所要探究的重要内容。

7.2.1 生活体育文化的时代要求

所谓生活体育文化，是指基于人民群众美好生活的需求，聚集体育与生活的关系，以体育全面提高人的生命质量和生活质量为目标，促进人自身、人与社会、人和自然和谐发展的价值观念、知识体系和制度安排[1]。可见，美好生活的需求俨然成为生活体育文化的核心内容。目前，根据各种不同形态的体育演进情况和相关体育文化的沿革发展，鲜有以美好生活为核心内容的体育文化。例如，以"追求卓越、超越自我"为主导的竞技体育文化，突出竞技性，强调胜负输赢，追求更高、更快、更强，难以为人民群众的生活需求—体育健身提供吻合的精神支撑；以"掌握技能、增强体质"为主导的校园体育文化对于非在校群体难以体现其相关约束力的文化特质；以"友谊第一、比赛第二"为主导的赛事体育文化更加难以诠释普通体育参与者对健身活动的文化内涵和意义；以"休闲娱乐、挑战极限"为主导的休闲体育文化仅限于一部分少数参与群体，也难为全民参与体育锻炼给予文化支撑。因此，在健康中国快速发展和中国体育文化更新升级之际，生活体育文化要承担起支撑人们参与体育锻炼的重任，同时，也要不断丰富体育文化的内涵和外延。生活体育文化的发展不仅是体育文化自身发展的要求，也是人们对美好生活的向往和追求所要求的。

首先，发展生活体育文化是人们健康观念转变所要求的。《"健康中国2030"规划纲要》的颁布标志着人民健康生活的促进上升至国家战略阶段，同时也是人

---

[1] 任海.聚焦生活，重塑体育文化[J].体育科学，2019，4（39）：3–11.

们对健康生活追求的时代特征。这种健康生活行动的背后则是人们健康观念的转变。主要表现为人们主动投资健康，主动参与体育锻炼。无论是广场舞运动中的场地之争，还是马拉松运动的爆棚式发展，都反映了人们参与体育锻炼的主动性，同时这种积极主动的参与背后是对健康生活的追求。体育参与不仅意味着时间的投入，还要求参与者的经济投入，例如基础装备和设施的购买、相关健身产品的消费等。这种综合性的行为过程必然不能缺少思想、文化、理念的支撑。这其中就凸显了健康观念的转变—由过去的被动参与转变为今天的主动参与。这种健康观念的转变必然带来相应的文化模式的变化，以满足转变之后的活动参与。进而以健康为目的参与体育锻炼，就构成了生活体育文化发展的基础和动力。生活体育文化的发展必将进一步满足人们对健康生活的需求。

其次，发展生活体育文化是人们生活方式转变所要求的。人们的生活方式是随着生活水平的不断提高而不断发展的，物质生活的满足必将促使人们对精神生活的不断追求，于是，人们生活方式的转变就发生了，主要表现在人们对精神文化生活的追求上。这种生活方式的转变更多地体现为对尊重、审美等层次上的要求和转移，加上人们对高质量生活方式的要求，就构成了人们的精神生活的内容。显然，生活体育文化就是集中反映人们精神生活和物质生活双重要求的载体，这种基于生活需求而产生的文化形式，其物质性体现在对身体健康的追求上，其精神性不仅体现在心理健康上，还体现在对体育精神的追求上。可见，体现生活体育文化内涵的活动、赛事、产品等必将在人们对美好生活的追求中受到青睐。

最后，发展生活体育文化是人们对美好生活之向往所要求的。人们对美好生活的要求，不仅包含着对健康的保证和生活方式的提升，还包括对生活质量的要求。生活质量的提升是多个方面的，其中，以体育参与为主建构的体育生活方式无疑成为健康时代人们的主要的追求和方向，体育生活方式的发展必然要求与之相适应的体育文化的发展。因此，生活体育文化的发展实质上就是由人们对美好生活的要求决定的。社会发展使人们的日常生活状态日益分化，不同地区、不同年龄、不同职业、不同知识水平人群的生活状态都有很大不同，需要有差异化、个性化的需求满足。差异化的需求满足需要有差异化和多元化的服务供给，对于不同人群、不同层面和不同领域的需求满足更是对社会产品和服务的供给提出更高要求 [1]。美好生活的构成内容必然不是单一的，而是多元的。进而可知，生活体育文化发展也必是多元的，唯此，才能够满足不同群体的不同需求。

7.2.2 生活体育文化的精神

生活体育文化的精神是反映其特质的主要内容和特征，亦是区别其他体育文化形式的特质。体育生来所带的西方文化属性，即强调人的生物属性，并不能注解生活体育文化的内涵。其一，生活体育文化不像其他形式的体育文化，多是移植于西方体育文化，后与传统文化相互激荡融合发展而成为今天的体育文化形式，生活体育文化则植根于传统文化，源自人们对美好生活的追求，这是生活体育文化的产生之特质。其二，生活体育文化是在人们对健康生活之追求过程中发展而来的，进而，这种形式的文化必然凝聚着促进人们对健康生活追求的印记和元素，健康生活的追求实质上就是人们自我发展、自我完善的实际行动。这种源自生活，又指导生活、促进生活的文化形式显然不能脱离传统文化的根本属性。因此，生活体育文化实际上体现了我国传统文化的根本精神，即以人为本。传统文化意义上的以人为本并不是指以满足人们的需求为根本，而是强调人的自我管

---

[1] 翟绍果，谌基东. 共建美好生活的时代蕴意、内涵特质与实现路径 [J]. 西北大学学报（哲学社会科学版），2017，6（47）：20-26.

理，管住自己的思想，管住自己的行为，决定人发展的是人自身德行的好坏[1]。生活体育文化的内涵特质，就是以人为本，也就是生活体育文化的精神。其三，生活体育文化的发展将为健康生活追求者提供丰富的精神动力和支撑，这个过程不仅继承了优秀传统文化的内容，也吸收、融合了各种不同的优秀文化内容以满足不同群体对美好生活的追求。例如，传统体育养生项目的继承和发展必然面对传统文化和西方文化的碰撞和冲突，势必为参与者提供不同的文化选择。以中医理论为基础的传统养生项目，如五禽戏、八段锦等和以追求肌肉健硕的健身健美运动，两者表达着不同的文化内涵，在为人们提供多样健身选择的同时，也带给人们不同文化上的选择。生活体育文化在其发展的过程中并不是"非彼即此"的选择，而是要融合共生。因此，继承传统、融合发展就成了生活体育文化发展之特质。

7.2.3 生活体育文化的构建

首先，生活体育文化构建必须适应人们对美好生活追求的时代特征，这也是生活体育文化立足的基点。生活体育文化如果脱离了对美好生活追求的时代要求，则会失去其发展的基础。生活体育文化的构建之基础可以说是人们对美好生活的追求，也就是健康生活的体育行动及其相关活动促使其发展的。生活体育文化的进一步发展也必然不能够脱离这一根基。生活体育文化源自对美好生活的追求，也将促进对美好生活的追求的发展。另外，生活体育文化的构建只有把握健康生活促进的时代要求，才能够区别于其他体育文化，把握好自身的发展。例如，强调竞技性，凸显胜负输赢的体育文化不仅难以促进人们对健康生活的追求，还会导致运动损伤的概率升高，其实质在于"外化、物化"的文化特征会使人们脱

---

[1] 楼宇烈. 中国文化的根本精神 [M]. 北京：中华书局，2016：46–58.

离生活，失去对健康的本位性把握。强调竞技性、规范性、休闲性等不同的体育文化类型，各有其生存发展的空间和环境，然而适应人们对美好生活追求的体育文化形式，则应为凸显健康性的生活体育文化。例如 2020 年突如其来的新冠疫情，给人们的生产生活带来了重大的影响，居家锻炼逐渐成为人们抗击疫情、促进健康的重要手段和方式，民众自发、国家引导、网络互动使得居家锻炼成为疫情防控下重要的生活方式。对人们的健康生活促进发挥了重要的作用，在其中表现出来的精神品质则成为构成生活体育文化的内容，同时，也为生活体育文化的进一步的发展提供了居家领域的参考和借鉴，如人们对健康生活的追求已成为生活体育文化精神内涵的共识。因此，生活体育文化的构建必须适应人们对美好生活追求的时代特征。

其次，生活体育文化的构建必须建立在传统文化基础上，才能够满足基于生活需求的群体，其实质就是以中国哲学为主体构建而成的文化形式。在中国哲学视野中，哲学的思考始终是跟生活安排有关系的，也就是说，中国哲学实际上在探索一种好的生活安排，而这种好的生活安排背后又有其形而上学的、哲学的依据 [1]。生活体育文化的构建必然是在传统文化（中国哲学）的基础上展开的，探索一种好的生活安排实际上就是为美好生活的实现做出努力。中国文化中没有一个外在的神或造物主，中国家庭、社会秩序的维护都是靠道德的自觉自律 [2]。因此，传统文化才是生活体育文化成长的土壤。健康中国的推进、体育强国的实现、民族的伟大复兴都离不开优秀传统文化的支撑，这种自上而下式的国家战略，为文化建设提供了良好的环境和制度保障，同时又丰富着传统文化，并促使其进一步发展。人民对美好生活的不断追求使得体育文化在全社会自下而上地发展起来，获得民众的支持，生活体育文化将会展现出超强的生命力和民族特色。很显然，

[1] 杨立华.宗明理学十五讲 [M].北京：北京大学出版社，2015：105–106.
[2] 楼宇烈.中国文化的根本精神 [M].北京：中华书局，2016：46–58.

推崇竞争、胜负成败的西方体育文化并不能够为其提供较好的支撑，而传统文化则能够较好地为生活体育文化的发展提供良好的支撑，因为不仅仅在于传统文化探寻好的生活安排，更在于其以人为本的根本精神。传统文化的融合性和共生性能够为体育文化中的锦标主义、强势文化等内容提供良好的融合空间，使体育文化向着健康的方向平衡式发展。然而竞技体育的强势发展已经使全民健身弱化，进而导致与全民健身相适应的文化环境萎缩，文化内容边缘化，不能够满足人们对健身文化的需求。因此，传统文化作为民族文化基础不仅提供了体育文化的发展土壤，也为生活体育文化的发展提供保障。

最后，生活体育文化的发展要突出其根本精神。生活体育文化的根本精神不能够在其构建和发展过程中偏离或丧失。生活体育文化作为体育文化的重要组成部分，是随着人们对美好生活的追求逐渐发展起来的，同时又与竞技体育文化、校园体育文化、休闲体育文化等形式的文化类型相互共存、共同发展，因此，突出其根本精神就是保证其发展方向的基础。体育文化作为有机系统，其内部必然是不断开放的，且与外部不断进行着交流和互动。它们作为体育文化的组成部分不断传递着体育精神，同时又表达着各自的特征和特色。全民健身的深入发展使得人们参与体育活动的广度和深度不断加宽加深，同时也为相应的健身文化的发展提供实践基础。全民健身文化就是生活体育文化和休闲体育文化的融合。全民健身使得强调健康性和休闲性、娱乐性和闲暇性的不同体育文化融合发展，一方面为生活体育文化的发展提供了参考和借鉴，另一方面使得全民健身文化的内涵不断丰富。体育精神中所包含的勇于拼搏、追求卓越等精神并不与生活体育文化相冲突，实际上，生活体育的发展也离不开追求卓越的精神，这是体育文化的属性所决定的。在生活体育文化的发展过程中始终要保持其根本精神，同时兼容并蓄、融合发展。因此，生活体育文化在内、外部交流互动中应保持其以人为本、促进健康生活的精神。

综上所述，生活体育文化作为人们探求美好生活的过程中产生的体育文化形式，有其独特的文化特征属性，其以人为本的根本精神不仅是区别其他类别体育文化类属的重要特质，也是进一步构建生活体育文化，并促进其发展的重要基础。生活体育文化将随着美好生活的逐渐实现成为重要的体育文化形式，将在健康中国的推进中承担起重要的精神性支撑。

7.3 安全参与：社会网络视域下的监督管理

随着全民健身的深入发展，人们参与体育活动的热情日益高涨，山地户外运动成为人们亲近自然、融入山水、放松休闲的良好选择，同时，也满足着人们挑战自我、追求极限的个性需求，尤其是高危险性体育项目的参与，满足了参与者若干不同层次的需求。另外，体育旅游的发展也为人们参与山地户外运动项目创造了机会，当然也包含着高危险性体育项目。所谓高危险性体育项目是指专业技术性强、危险性大、安全保障要求较高的体育项目，其中体育经营场所也划分为一般性体育项目场所和高危险性体育项目场所[1]。2013年5月1日，国家体育总局、人力资源和社会保障部、国家工商行政管理局、国家质量监督检验检疫总局、国家安全生产监督管理总局五个部门联合发布公告，公布了第一批高危险性体育项目目录，共包含游泳、滑雪（高山滑雪、自由式滑雪、单板滑雪）、潜水、攀岩4个项目。高危险性体育项目在带给人们参与快感的同时，也增加了运动伤害事故发生的概率。由于参与者对户外运动的基本知识和安全技术欠缺，对野外环境的认知肤浅，对户外运动的风险意识、分线控制能力不足，现行相关法律规定的

---

[1] 曹康泰，刘鹏.全民健身条例释义 [M].北京：中国法制出版社，2009：15.

缺乏，导致户外运动安全事故的发生率逐年增加。在山地户外运动的参与中，一方面是人们积极投入自然、挑战自我的热切追求，另一方面是运动伤害事故的频繁高发，两者之间的矛盾似乎成为山地户外运动发展、全民健身深入推进必须越过的障碍。事实上，围绕高危险性体育项目经营许可和管理，政策法规和理论研究是不足的，具有法定专业技术机构资质，为许可和管理出具具有证明作用的数据和结果的检验、检测技术保障体系也是不足的[1]。面对如此境况，加强山地户外运动项目的监督显然是必要的，且需要进一步完善。另外，对山地户外运动项目的社会自治必须加以重视，若是形成行业自律，必将为人们提供高质量的体育服务内容。本节以山地户外运动项目的政府监督为切入点，分析其存在问题和困境，进而引入社会自治，以期为山地户外运动项目的发展做出分析和探讨。

7.3.1 高危险性体育项目目录需要进一步扩充

山地户外运动的发展，给人们带来了丰富的参与体验，同时也增大了人们参与其中的风险。就项目参与的损伤程度而言，高危险性体育项目反而较山地徒步更加安全。显而易见，高危险性体育项目的监督和审批起到了重要作用。在当前的发展情况下，增设高危险性体育项目的内容，扩充目录，不失为保障山地户外运动安全开展的有效措施。2006年，《广东省高危险性体育项目经营活动管理规定》中把高危险性体育项目定义为：已制定国家标准或者地方标准中专业性强、技术性高、危险性大的体育项目，包括游泳、潜水、漂流、攀岩、蹦极、射击、射箭、卡丁车、轮滑、滑翔伞、动力滑翔伞、热气球等。随着《全民健身条例》的出台，进一步明确了高危险性体育项目的特征，直到2013年《第一批高危险

[1]　黄希发，冯连世，张彦群，等. 高危险性体育项目经营活动标准化建设研究 [J]. 体育科学，2013，33（10）：45–51.

性体育项目目录公告》发布，明确为游泳、滑雪、潜水和攀岩。

高危险性体育项目的刺激性和运动魅力不断吸引着人们参与其中，为了保障参与者的安全，国家从不同层面出台相关制度确保运动项目的开展。然而在对户外运动安全事故的统计分析中发现：造成安全事故的项目类别分析，山地徒步运动占首位。另外，速降、漂流、探洞、野战等项目造成的安全事故也高于高危险性体育项目。事实上，随着国家强制性标准的推进和地方性高危险性体育项目经营活动管理规定，早在2009年吉林省确定的高危险性体育项目就涵盖了游泳、卡丁车、蹦极、攀岩、轮滑、滑雪、滑冰、射箭、潜水、漂流、滑翔伞、热气球、动力滑翔伞、射击等。整体上，随着山地户外运动的发展，高危险性体育项目显然需要尽快出台第二批目录。高危险性体育项目由于其专业性强、技术性高、危险性大、安全保障高等特点，需要更多的配套设置和制度保障才能发展，当然也包括项目目录的更新。

7.3.2 山地户外运动项目的政府监督不足

体育项目的良好开展离不开政府的监督，《全民健身条例》中也明确提出了高危险性体育项目的经营活动准入要求和处罚规定。另外，2013年，《经营高危险性体育项目许可管理办法》对高危险性体育活动的管理做出了具体规定，到2018年，又进一步修订，其中提到"高危险性体育项目经营者需先到工商部门办理营业执照后才可向体育部门申请经营许可证"。2014年，《体育总局行政审批事项公开目录》中明确了五项行政许可审批事项，其中涉及"举办攀登7000米以上山峰活动和外国人来华登山活动审批"，但是，对高危险性体育项目活动的开展没有设置行政许可，这就使得高危险性体育项目的经营活动难以监督，事后责任认定仍然存在问题。以山地户外运动为例，登山运动管理中心无法对户外运动俱乐部业务进行监督，尤其是通过网络形式开展的活动。另外，由于体育部门和旅游部门存在业务管理上的交叉盲区使得具有商业性质的旅游组织难以经过体育部门的严格审批，后期监督难度更大，因此该领域甚至几乎处于空白状态。

山地户外运动的线上组织形式给监督带来了极大的困难，同时，在自甘风险的原则下，参与者的健康权和生命权仍旧是项目发展的重要关切点。经营型的组织活动尚能纳入监督之序列，非营利性的组织活动就难以监督。例如，陕西省太白县"鳌太线"穿越活动，当地政府虽然禁止进入相关山区开展徒步活动，但是仍有不少爱好者翻越护栏，挑战自我。往往是在发生事故之后，政府才得知有人进入山区并开展了徒步活动。类似于这种性质的活动，政府监督可以说是无能为力的。仅仅依靠组织者的自我约束、参与者的自我提升是难以保障参与者的安全的。在政府监督有限、项目又不断拓展、危险性不断增高的趋势下，山地户外运动的发展，尤其是参与者的安全，将如何保障呢？山地户外运动的社会自治或许能够给我们提供较好的参考借鉴。

7.3.3 山地户外运动项目的社会自治

社会自治是依托社会组织将自治权基层化的过程，达到与政府治理互为补充的良性发展模式。山地户外运动发展的实践告诉我们，政府、市场和社会组织共同作用于项目的发展过程，政府的主导和监督决定了项目的发展方向和基础；市场需求则为项目的发展拓展了众多空间和组合形式，推动着各种满足消费者需求的供给模式，并形成自我约束和优化的机制；社会组织则为项目发展提供直接支撑和保障，也是实现社会自治的主体。山地户外运动的社会自治意味着开展山地户外运动活动的主体在政府与市场的推进中发挥自我更新的作用，以适应市场的发展要求。尤其是山地户外运动中的安全保障，在政府监督有限、市场约束不足的情况下，社会自治就成为保障项目发展的重要内容。以保障参与者健康权、生命权为主要项目的社会自治就是要在政府监督有限的情况下，承担行业自我监督，项目发展的自我完善；在市场约束不足的情况下，以消费者的安全保障为活动最大追求，实现项目的良好发展。

首先，风险管理是社会自治的现实需求。山地户外运动的安全保障主要来自项目的风险管理，风险管理是项目社会自治的主要内容，社会自治的重大意义就在于项目的安全开展。山地户外运动的组织形式决定了风险管理的难度，尤其以自甘风险为原则的线上组织形式，参与者的安全保障主要依靠组织者的管理和参与者的自我认知。这种形式的活动不仅对风险管理存在着较大的需求，也强化着组织的社会化联动，尤其在安全保障上。项目组织的社会联系和互动不仅增强了风险管理认同和效益，同时也为实现社会自治奠定基础。基于对参与者安全保障的风险管理，一方面，决定项目自身开展的深度和规模，例如，山地徒步运动项目的开展，持续增长的参与基数得益于对安全的重视和相关举措的落实，更得益于项目组织方的自我完善和发展。可以说，安全有保障的山地徒步运动项目更具有消费潜力，更能够吸引参与者。另一方面，决定了项目组织者之间的竞争和淘汰，风险管理不仅是项目组织的基础，更是组织者的竞争力所在。以市场需求为导向的产品供给模式，决定了组织者的风险管理程度，加上行业竞争的压力，风险管理往往会成为项目组织发展的决定性因素。例如，因安全事故导致山地户外运动俱乐部或其他组织退出行业的例子告诉我们，一旦发生安全事故往往会对俱乐部造成致命的打击。因此，风险管理的开展为山地户外运动组织走向社会自治提供了基础。

其次，文化认同是社会自治的内部支撑。山地户外运动的社会自治必须基于更大范围的价值基础。价值基础意味着文化上的认同。山地户外运动作为重要的休闲项目，具有淡化竞技、重在参与的文化特点，为参与者提供了较大程度上的认同。在为参与者提供活动项目的同时，也可以在体育文化的感受和体验上提供较好的基础。项目文化属性为项目社会自治的内部稳定性提供了基础。另外，山地户外运动将体育运动与山地旅游高度融合，为项目自治提供了更大的空间和机会。山地旅游项目的开发和推广往往与体育运动具有天然的融合力，不仅为参与者提供了更多的活动体验，而且也为参与者提供了文化视角的认同的基础，就是对健康的追求，也就是对健康生活的追求构成了山地户外运动项目社会自治的文化认同基础。体育文化作为构成生活方式的重要内容，在提高人们健康生活质量、改善生活方式方面提供了广阔的选择和空间，也为项目组织的社会自治提供了重要的基础，即健康视角的文化认同基础。当一个认同系统具有普遍的人与人之间的亲近时，群体就会产生一种巨大的凝聚力 [1]。这种凝聚力就是基于文化认同而形成的社会自治的基础。山地户外运动的社会自治之内部支撑则源自对文化的认同，这种对文化的认同就是对健康生活的追求和实践，进而产生了凝聚参与者与组织者的基础。

文化认同的实质就是山地户外运动的组织者和参与者对项目价值的高度共识，一方面是对山地户外运动自身价值的认知，主要体现在健康促进生活方式改善以及休闲体验上；另一方面就是对项目价值的实践。例如，山地徒步运动的危险性及安全隐患的不可预测性使得相当一部分参与者并没有充分认识到项目中的安全措施和保障，以致山地徒步成为安全事故高发的运动项目。在文化认同、价值共识的基础上，风险管理意味着对参与者健康权和生命权的高度重视和尊重，而不是仅仅对经济利益的追逐，当然适当的经济手段也是开展风险管理的必要条件。文化认同的关键在于文化类型的多样性和融合性，尤其是在体育文化中，休

---

[1]　邢媛. 文化认同的哲学论纲 [M]. 北京：人民出版社，2018：41–167.

闲体育文化的包容性为此提供了天然的融合剂。例如，主张自主参与、强调个性化体验的山地户外运动，实际上在文化角度满足着不同类型的参与需求，挑战自我的拼搏精神、融入自然的放松需求、善群利群的交际需求等不同的文化需求和体验，体现了体育文化的超强包容性，不仅为文化认同和价值共识提供了重要基础，而且也为项目社会自治提供了内在的一致性基础。项目组织者或者行业的社会自治建立在文化认同和价值共识的基础上，对于项目的深度发展具有积极意义，同时也是山地户外运动走向高质量发展的重要基础。另外，对于山地户外运动文化的推广和体育文化的传播同样也具有积极意义。

最后，社会监督是社会自治的外部约束。山地户外运动的政府监督虽然有限，但是对于行业社会自治的促进意义是不能忽视的。另外相对于政府监督而言，社会监督对社会自治更具有积极的意义，主要表现在项目组织的外部约束上。基于网络形成的社会评价和信息公开会对项目的组织者形成督促和社会监督，尤其参与者的文本叙事对于项目的体验和再次参与具有影响，这种影响不仅对于项目的开展起到一定的反馈作用，而且为项目的整体推进和优化提供参考，这种行业整体上、系统上的优化，实际上就是社会自治的起点。例如，某地区的山地户外运动服务质量的排行，不仅为参与者提供参考信息，也为组织者提供了整改信息或自我优化的动力。因为这种排行所包含的信息凝聚了参与者的反馈和评价，这种基于网络的反馈与评价又形成了社会监督。这种社会监督具有自发性和随机性，因此，引导和优化这种监督不仅能够为山地户外运动的发展提供重要参考，也将为行业自治提供重要的基础信息。另外，山地户外运动的线路的推荐和评价会为社会监督提供重要的信息基础。线路的选择本身就意味着信息的筛选和优取，线路信息的汇总就是组织者之间的竞争和社会较大范围的监督。因为信息的质量能够决定线路的提供者的淘汰或胜出。因此，基于参与者选择的信息供给情况就成为决定市场化程度的基础。同时，社会监督的形成也就成为组织社会自治、提供合作和竞争的信息基础。

社会监督并不仅仅是参与者与组织者信息互动上的网络化发展，也意味着项目相关者的介入和推动。例如，第三方推介营销平台或志愿服务组织，对于项目本身的信息化和网络化发展具有重要的作用，同时也是社会监督的重要方式和方法，对于项目社会自治具有重要作用。其中，网络化互动使得相关信息得以传播和分享，这对项目的系统开放性具有重要作用，同时基于项目信息传播和分享带来的资源流动，能够在更大程度上促进社会自治。系统开放性视角的社会自治就意味着项目系统的自我发展和完善，同时也包含着项目组织的淘汰和优化，尤其是忽视了参与者健康权和生命权的组织方法的形式，脱轨于系统开放性而缺少自我发展的组织者必然不被参与者、消费者所接纳。社会自治就是要达到一种自我完善、自我组织、自我监督的良性发展路径，其重点在于系统内部、外部的信息流动。信息作为系统开放的基础，不仅为系统开放提供基础能量，而且也完善了系统之间的协调和互动，尤其是山地户外运动内部的行业自律，是不能缺失信息支撑的。这种系统开放性会随着项目的深度发展而加大，也会随着体育生活方式的推进而加深，更会随着体育产业、旅游产业、网络技术的发展而达到信息互动。信息共享的深度融合阶段，社会监督自然会随着信息的高度开放而形成有效的督促力量，约束着项目的开展，进而保障了参与者的健康权和生命权，使项目的社会自治基本形成。这种基于行业信息社会分享的监督模式，对于项目社会自治具有重要的意义。

综上所述，山地户外运动的发展由于政府监督有限，部分项目安全保障措施略显不足，且呈现出安全事故增多的趋势。项目发展的社会自治成为缓解人们参与和安全不足之间矛盾的重要的内容，其主要通过风险管理、文化认同和社会监督等方式方法来促进社会自治。山地户外运动项目的社会自治是基于项目组织者、参与者、第三方等借助互联网信息分享和传播的社会互动，进而形成较为有效的监督和自我发展模式，为山地户外运动的发展提供社会自治视角的参考。

第8章 体育理论发展的挑战和机遇

8.1 中国特色的体育理论建构设想

目前，体育事业的发展已经进入高质量发展时期。社会体育、学校体育、竞技体育等均取得了重要的发展成就，体育产业也迎来了前所未有的发展机遇，尤其是人民对美好生活的不断需求促进着体育的全面发展。在这种背景下，就需要完善的体育理论，以指导新时期体育事业的发展。可实际上，体育事业的发展必须要求体育理论研究的跟进。体育理论的产生与发展也是体育实践走向理性的必经阶段。同样需要体育实践的检验以证实体育理论的真伪。体育理论的发展与完善是否有规律可循呢？根据本研究中对山地徒步的分析和探讨，对体育理论的建构进行初步的构想，为体育理论的研究提供参考。

首先，充分挖掘体育实践，为体育理论的产生打好基础。基于理论源于实践，进而指导实践的逻辑，体育理论的产生与发展必然源自体育实践。且不说竞技体育、学校体育中的发展实践，单就社会体育领域中的部分内容，就能够说明体育实践对体育理论促生的重要性。就山地徒步的发展而言，项目本身有其历史渊源和演进脉络，而且国外山地徒步已经较为成熟。但是山地徒步的发展中仍然缺少理论的建构。特别是在面对诸多山地徒步中的现象和问题时，理论指导实践的不足就显示出来了。山地徒步中的安全事故不仅警示着我们对山地徒步的安全性的探究，而且是保障山地徒步健康发展的重要基础。安全参与对于参与者个人具有微观上的意义，对于参与群体和组织具有中观的意义，对于更大范围的地区，乃至全体具有宏观上的意义。安全参与实际上也是体育运动开展的基本要求，然而，山地徒步作为具有一定的风险性的运动项目，风险常常被人们所忽视。从前文的分析可知，相当一部分安全事故源自参与者过高估计自身的体能和技能。除了山地徒步中的安全问题，山地徒步中的休闲性和竞技性也是值得关注的重要属性问题。人们参与山地徒步的目的与效果对项目发展的影响至关重要。参与群体的主观意愿是什么情况，对项目发展的影响是不能忽视的。至于山地徒步的经济价值怎样挖掘和开发，立足于什么样的参与群体和参与状况是非常重要的。诸如此种问题的回答，需要较为深入的调查和分析，理论的产生必然要立足于体育实践。基于这种认识，本书通过对山地徒步参与者的调查，分析了项目参与者各个构成要素对社会资本的影响。

其次，结合传统文化中的优秀基因，来阐述新时代体育理论的内涵。东西方体育文化的差异始终是在当前运动项目发展的过程中不能够回避，且必须消弭的重要问题。一方面以竞技为中心的锦标主义向以健康为中心的生活体育发展方向转变。这就需要体育文化的自身不断拓展与完善，这背后的理论建设自然要向传统文化中的优秀基因去借鉴和参考，毕竟能够为生活指导的理论学说必然是来自生活的。实际上，文化的生命力和活力主要取决于人们的接受程度，脱离人民群众需求的文化形式怎么能够在满足人们对美好生活的追求中发挥出应有的作用呢？另一方面，强调人的生物属性的西方体育文化与凸显人的社会属性的东方体育文化自然的冲突和调和，必然会在东西方体育项目的发展实践中表现出一种融合与新生。例如，山地徒步项目的发展实际上融合了西方体育项目的特性，同时也离不开东方体育项目所具有的属性。其中竞技性和休闲性的统一就体现在这一点上。在西方，最初的山地徒步为了获取某一线路的署名或者对线路的开拓成为参与者热衷的动力，而我国登山的初衷并不在线路的专属性和署名意义上。项目的社会属性必然为人们的参与注入新的文化内涵，这就要求对传统文化进行深入的参考。毕竟，天人合一的人与自然的相处理念与征服自然的想法对项目参与者的影响是不同的。尤其，以人为本的理念在东西方文化差异中出现了不同的注解。如果缺少对传统优秀文化的参考，"以人为本"可能会过度解读为依靠自己的自觉和自律，强调人的独立性、主体性和能动性。从传统文化自身的发展视角来讲，为体育的发展贡献文化元素和基因具有重要的意义。2014年10月15日，习近平总书记在文艺工作座谈会上的讲话中强调：中华优秀传统文化是中华民族的精神命脉，是涵养社会主义核心价值观的重要源泉，也是我们在世界文化激荡中站稳脚跟的坚实根基。中华优秀传统文化是中华民族的"根"和"魂"，是最深厚的文化软实力，是中国特色社会主义植根的沃土，是我们在世界文化激荡中站稳脚跟的根基。要留住文化根脉，守住民族之魂，这就是习近平总书记反复强调的重要理念[1]。很显然，中华优秀传统文化所孕育的精神命脉必然要在体育事业的发展中发挥出应有的价值和作用。

最后，可以适当援引国外理论，为我国体育理论的建设提供参考和借鉴。国外体育实践的发展及体育理论的建设必然是不能忽视的参考内容。虽然文化背景和环境要求各不相同，但是，并不能否定国外体育理论的价值。以山地徒步的项目的开展为例，山地徒步的活动空间必然存在对自然环境的影响，或许在对自然环境的保护上采用何种应对之策就成为开展山地户外运动所面对的重要问题。美国国家户外领导力学校(NOLS)和美国国家林业署共同制订了户外环保法则——Leave No Trace(简称LNT)主要致力于引导全球范围的人们在户外活动中共同承

[1] 陶家韵.新媒体时代中华优秀传统文化的传承策略[J].吉林工程技术师范学院学报,2023(8):20-24.

担责任，推广户外运动的道德行为规范就是 LNT 组织的核心 [1]。LNT 法则强调：在户外活动中，往往会经过人烟稀少、历史遗迹等值得停留的地方，但我们在享受的同时一定要遵守原则，尽量保持自然原貌，这样才能使更多的人欣赏到和你所欣赏到的同样的美景。实际上，这与我国倡导的"两山理念"有些类似。通过"两山理念"的发展历程 [2] 可以预见，山地徒步的发展必然融合进新时代的重要发展理念和思想。2005 年 8 月 15 日，时任浙江省委书记的习近平在浙江安吉县余村调研时，首次提出"绿水青山就是金山银山"的重要论述。2006 年 3 月，习近平同志曾谈到"两座山"之间的发展一般会经历三个阶段：第一个阶段是"用绿水青山去换金山银山"；第二个阶段是"既要金山银山，但是也要保住绿水青山"；第三个阶段是"绿水青山本身就是金山银山"。党的十八大以来，习近平总书记从战略高度来重视生态文明建设。2013 年 9 月 7 日，习近平总书记在哈萨克斯坦纳扎尔巴耶夫大学发表题为《弘扬人民友谊共创美好未来》的重要演讲，并回答学生关于环境保护的提问时指出："我们既要绿水青山，也要金山银山。宁要绿水青山，不要金山银山，而且绿水青山就是金山银山。"党的十九大把"两山"理念写入《中国共产党章程》，成为生态文明建设的行动指南。习近平总书记在参加十二届全国人民代表大会四次会议黑龙江代表团审议时的讲话指出："绿水青山就是金山银山，黑龙江的冰天雪地也是金山银山。"从而把"绿水青山就是金山银山"延伸出"冰天雪地也是金山银山"。"两山"理念不仅被国际社会高度认可，而且以"两山"理念为指导的生态文明建设"中国做法""中国方案""中国经验"也得到国际社会的广泛借鉴。因此，"两山"理念对于美丽世界建设、人类命运共同体建设、全球生态经济协调发展等具有十分重要的指导意义。

[1] 国家体育总局职业技能鉴定指导中心 . 户外运动 [M].北京：高等教育出版社，2012：23–24.

[2] 沈满洪 . "两山"理念的科学内涵及重大意义 [J].智慧中国，2020(8)：25-27.

8.2 国外理论援引与本土化改造

社会资本作为社会科学领域广受关注的理论概念，积累了丰富的研究资料。可惜遗憾的是，国内学者的社会资本研究多数缺乏实证研究基础，在概念上也是多数照搬国外学者的观点，缺乏对其概念和理论的反思和批判[1]。实际上，国外理论研究者对社会资本的概念和理论仍然存在很大分歧，尤其在社会资本的性质与影响等方面存在很大争议，或者社会资本究竟是好东西还是坏东西，因果关系如何，仍然需要进一步探究。这也是国外理论本土化改造的意义，同时还是理论创新的重要路径，因为我国丰富的体育实践必然能够检验社会资本理论的科学性。社会资本的正面效果逐渐被关注和青睐是如下作用所致。其一，社会资本减少交换中的成本，进而促进经济发展；其二，社会资本可以为个人带来财富，还可以促进其社会地位的跃迁；其三，社会资本可以减少冲突，增进公民参与社会治理，提升政府效率等。社会资本与民主的互惠互存是当前比较流行的观点。在关注社会资本的正面效应的同时，显然也不能忽视其负面影响。这也是本土化改造的基本逻辑思路——辩证性的批判和接受。社会资本在利于一部分人的同时，必然对另一部分人或团体而言就是负面的存在。实际上，社会资本并不都是好的，也可能被用于损人利己的目的。需要注意的是，把社会资本解读为一种社会网络关系时，虽然有客观性，但是社会事务的推进和改革，显然不能够依靠这种关系。例如，山地徒步作为体育项目的发展动力源自人们对生活的热爱和对美好生活的追求，只是在这一过程中，参与者之间的社会网络关系所发挥的作用并不能够忽视。或许这种被喻为社会资本的个体网络关系能够为山地徒步参与者提供良好的信息和资源呢？

---

[1] 马得勇.社会资本：对若干理论争议的批判分析[J].政治学研究，2008（5）：8.

参考文献

[1]安民兵.个人资本与运动员进入体育行业的功效探析[J].体育文化导刊,2006,42（3）：53-55.

[2]布朗.社会资本理论综述.社会资本与社会发展[M].李惠斌,杨雪冬,译.北京：社会科学文献出版社,2000：77-100.

[3]鲍东东,张华伦,宋伟.社会资本视角下群众体育社团组织发展路径[J].上海体育学院学报,2014,38（4）：31-34.

[4]边燕杰,陈皆明.社会学概论[M].北京：高等教育出版社,2013：159-160.

[5]边燕杰.城市居民社会资本的来源及作用：网络观点与调查发现[J].中国社会科学,2004（3）：136-147.

[6]曹康泰,刘鹏.全民健身条例释义[M].北京：中国法制出版社,2009：15.

[7]仇军,钟建伟.城市中体育参与与社会融合的理论研究：以大众体育为例[J].体育科学,2010,30（12）：29-33.

[8]崔巍.社会资本、信任和经济增长[M].北京：北京大学出版社,2017：11-12.

[9]蔡东山.体育运动与大学生社会资本累积[J].福建师范大学福清分校学报,2008（5）：86-89.

[10]陈向明.质的研究方法与社会科学研究[M].北京：教育科学出版社,2001：333-334.

[11]陈安槐,陈萌生.体育大辞典[M].上海：上海辞书出版社,2000：6.

[12]陈玉军,张廷安.职业足球运动员的社会资本及其影响因素分析[J].北京体育

大学学报，2015，38（10）：30–36.

[13]戴圣鹏 . 一个被偷换的概念：社会资本 [J]. 学术研究，2017（8）：6–9.

[14]丹尼尔·金，S.V. 萨布拉马尼安，河内一郎 . 社会资本与健康 [M]. 王培刚，译 . 北京：社会科学文献出版社，2016：38–39.

[15]邓茵 . 文献的民族志研究：文献民族志作为一种研究方法的可能性 [J]. 西北大学学报（哲学社会科学版），2020，50（6）：57–63.

[16]费孝通 . 乡土中国 [M]. 北京：北京大学出版社，1998：27–28

[17]付东，李旻 . "一带一路"背景下四川省体育产业发展路径研究 [J]. 成都体育学院学报，2021，47（4）：93–99.

[18]国家体育总局职业技能鉴定指导中心 . 户外运动 [M]. 北京：高等教育出版社，2012：10-11.

[19]国家体育总局职业技能鉴定指导中心 . 户外运动 [M]. 北京：高等教育出版社，2012：23–24.

[20]桂天晗，钟玮 . 突发公共卫生事件中风险沟通的实践路径 [J]. 公共管理学报，2021，7（18）：113–124+174.

[21]韩鲁安，杨青春 . 体育旅游学初探 [J]. 天津体育学院学报，1998，13（4）：61–62.

[22]韩勇 .《民法典》中的体育自甘风险 [J]. 体育与科学，2020，7（41）：13–26.

[23]韩磊磊，翟丰 . 社会资本视域下中国体育治理的路径选择 [J]. 武汉体育学院学报，2017，51（2）：12–16+55.

[24]黄谦，张晓丽 . 社会资本理论在我国体育研究中的现状、特点与展望 [J]. 上海体育学院学报，2018，42（3）：17–22.

[25]黄谦，张晓丽 . 中国专业运动员个体中心网络结构特征研究 [J]. 西安体育学院

学报，2014，31（1）：1–5.

[26]黄谦，崔书琴，密思雨，等.中国足球职业联赛女性裁判员职业压力研究 [J]. 成都体育学院学报，2021，47（4）：24–32.

[27]黄谦，张晓丽，葛小雨.体育参与促进社会资本生成的路径和方式：基于2014 年《中国家庭追踪调查》数据的实证分析 [J].中国体育科技，2019，55（7）：63–70.

[28]黄希发，冯连世，张彦群，等.高危险性体育项目经营活动标准化建设研究 [J]. 体育科学，2013，33（10）：45–51.

[29]金乔，贾书芳，李腾.中国徒步旅游的发生、发展与展望 [C]. 国际徒步论坛， 2012.

[30]卡尔·马克思.资本论 [M].北京：人民日报出版社，2006：242.

[31]肯尼斯.阿罗，放弃社会资本 [M].曹荣湘，编译.上海三联书店，2003：227.

[32]杰弗瑞.戈比.你生命中的休闲 [M].昆明：云南人民出版社，2000：14.

[33]科尔曼.社会理论的基础 [M].社会科学文献出版社，2008：8.

[34]李冰星.网球俱乐部会员社会资本特征研究：以郑州为实证地 [D]. 开封：河 南大学，2011.

[35]李洪君.从社会资本的视角看村庄生活中的休闲体育 [J].武汉体育学院学报， 2009，43（7）：29–32.

[36]李培林.20 世纪上半叶社会学的"中国学派" [J].社会科学战线，2008（12）： 13–16.

[37]李惠斌，杨雪冬.社会资本与社会发展 [M].北京：社会科学文献出版社， 2000：45.

[38]朱丽叶·M.科宾，安塞尔姆·L.施特劳斯.质性研究的基础形成扎根理论的 程序与方法 [M].朱光明，译.重庆：重庆大学出版社，2015：275–276.

[39] 梁漱溟 . 中国文化要义 [M]. 上海：上海人民出版社，2011：76–91.

[40] 林南 . 从个人走向社会：一个社会资本的视角 [J]. 社会科学战线，2020（2）：213–223.

[41] 林南 . 社会资本：关于社会结构与行动的理论 [M]. 张磊，译 . 上海：上海人民出版社，2005：18.

[42] 林志义，杨海晨 . 扎根理论在我国体育学研究中的运用情况与问题反思 [J]. 西安体育学院学报，2021，38（2）：182–190.

[43] 刘东升，邹玉玲 . 论体育场馆设施的社会资本创造功能 [J]. 体育文化导刊，2012，48（8）：80–83.

[44] 刘艳丽，苗大培 . 社会资本与社区体育公共服务 [J]. 体育学刊，2005，12（3）：126–128.

[45] 卢锋 . 休闲体育概念的辨析 [J]. 成都体育学院学报，2004，5（30）：32–34.

[46] 罗伯特普特南 . 使民主运转起来 [M]. 王列，赖海榕，译 . 南昌：江西人民出版社，2001：108.

[47] 刘亮，吕万刚 . 新时代我国体育产业高质量发展的理论探赜与问题论域 [J]. 北京体育大学学报，2021，44（7）：1–8.

[48] 刘铁光，黄志豪 .《民法典》体育活动自甘风险制度构成要件的认定规则 [J]. 北京体育大学学报，2021，44（2）：32–40.

[49] 楼宇烈 . 中国文化的根本精神 [M]. 北京：中华书局，2016：46–58.

[50] 马惠娣，刘耳 . 西方休闲学研究述评 [J]. 自然辩证法研究，2001（5）：45–49.

[51] 马惠娣，刘耳 . 西方休闲学研究述评 [J]. 新华文摘，2001（8）：170–173.

[52] 朱鹏，陈林华 . 体育助力乡村振兴的经验与价值及路径选择 [J]. 体育文化导刊，2021（2）：28–35.

[53]缪晓雷,边燕杰.防疫社会资本、体育锻炼与身心健康[J].上海体育学院学报,2020,44(12):1-12.

[54]任波.城市社区社会资本与老年人健身参与关系的实证研究[D].临汾:山西师范大学,2012:18-19.

[55]任波.社区体育活动与居民社会资本积累[J].长春师范学院学报(自然科学版),2013,32(4):87-88.

[56]任海.聚焦生活,重塑体育文化[J].体育科学,2019,4(39):3-11.

[57]师博,任保平.大型体育赛事助推城市高质量发展的效应研究:基于第14届全运会的分析[J].西安体育学院学报,2021,38(2):134-139.

[58]孙中芹.城市农民工子女体育社会资本的结构:经验数据的探索与验证[J].天津体育学院学报,2014,29(3):241-246.

[59]孙东敏.体育旅游开发研究:以河北省为例[D].石家庄:河北师范大学,2002.

[60]孙昭君,张进.从社会资本角度看我国体育赛会青年志愿者的可持续发展[J].山东青年政治学院学报,2012,28(2):32-35.

[61]田丰,付宇.无友不如己者:城镇化如何影响个人社会资本[J].社会学评论,2020,8(5):74-87.

[62]尉建文,赵延东.权力还是声望?—社会资本测量的争论与验证[J].社会学研究,2011(3):64-83.

[63]徐成立,张宝雷,张月蕾,等.中国体育产业政策文本研究:基于政策工具和创新价值链双重视角[J].中国体育科技,2021,57(3):58-66.

[64]徐延辉.社会资本、人力资本与职业获得:以运动员职业获得为例[J].学习与探索,2006(2):51-53.

[65]徐诚炜.中国体育产业发展存在的问题及应对之策:评《"互联网+"背景下

中国体育产业发展模式研究》[J]. 科技管理研究，2021，41（18）：246.

[66]许烺光. 宗族·种姓·俱乐部 [M]. 北京：华夏出版社，1990：1–281.

[67]习近平. 决胜全面建成小康社会 夺取新时代中国特色社会主义伟大胜利——在中国共产党第十九次全国代表大会上的报告 [N]. 人民日报，2017–10–28.

[68]肖焕禹. 休闲体育的演进、价值及其未来发展取向 [J]. 上海体育学院学报，2010，34（1）：6–11.

[69]邢媛. 文化认同的哲学论纲 [M]. 北京：人民出版社，2018：41–167.

[70]闫振中. 山文化与登山运动 [J]. 西藏文学，2002（2）：78–82.

[71]阎云翔. 差序格局与中国文化的等级观 [J]. 社会学研究，2006（4）：201–213.

[72]杨国枢. 中国人的心理 [M]. 北京：中国人民大学出版社，2012：1–27.

[73]杨立华. 宗明理学十五讲 [M]. 北京：北京大学出版社，2015：105–106.

[74]易剑东. 社会资本与当代中国体育用品成长 [D]. 北京：北京体育大学，2002.

[75]姚路嘉. 中国登山史研究 [D]. 曲阜：曲阜师范大学，2020：11.

[76]张剑利，王章明，徐金尧. 资本拥有与草根体育参与 [J]. 体育与科学，2008，29（4）：10–13.

[77]张其仔. 社会网与基层社会生活：晋江市西滨镇跃进村案例研究 [J]. 社会学研究，1999（3）：25-34.

[78]张秋亮. 城市青少年体育参与及其家庭社会资本关系的研究 [D]. 武汉：武汉体育学院，2014.

[79]张世强. 社会资本视角下体育赛会志愿者的可持续发展 [D]. 济南：山东师范大学，2012.

[80]张晓丽，雷鸣，黄谦. 体育锻炼能提升社会资本吗？——基于 2014 JSNET 调查数据的实证分析 [J]. 上海体育学院学报，2019，43（3）：76–84.

[81]赵承磊.我国城市体育旅游资源与产品的理论和实证研究[D].上海：上海体育学院.2012：28-29.

[82]赵栩博，张洪顺.从社会资本视野审视学校体育场地开放[J].体育成人教育学刊，2006，22（3）：18-19.

[83]赵溢洋，孙曙光.体育与社会资本研究的西方基础与本土化探索[J].北京体育大学学报，2014，37（10）：44-50+55.

[84]周结友.社区体育组织社会资本研究[D].上海：上海体育学院，2015.

[85]周进国，周爱光.体育社团社会资本的概念与功能[J].体育学刊，2015，22（1）：41-44.

[86]周怡，刘振中.中国传统复归意识、山水审美及其文化解释[J].理论学刊，2009（8）：98-102.

[87]周继厚.中外体育徽章图志[M].济南：山东画报出版社，2009：210-211.

[88]周结友，裴立新.国外体育运动与社会资本研究：缘起、成果与启示[J].体育科学，2014，34（7）：73-82+96.

[89]朱杰.社区体育与和谐社区构建：社区社会资本的视角：基于江西省的调查[D].南昌：江西师范大学，2013.